ADIEU

Dans Le Livre de Poche

LES CLASSIQUES D'AUJOURD'HUI

HONORÉ DE BALZAC

Adieu

Présentation et notes de
Lucette Vidal

LE LIVRE DE POCHE

Portrait de Balzac, par David d'Angers.
Photo Magny.

PRÉSENTATION

1819. Par une brûlante journée de l'été finissant, deux chasseurs — deux amis, le marquis d'Albon et le baron Philippe de Sucy — égarés dans une forêt de l'Ile-de-France, entrevoient, sous les frondaisons d'un parc à l'abandon, une silhouette féminine d'une grâce aérienne. En cette jeune femme, folle, qui ne sait plus que répéter machinalement le seul mot « Adieu », Philippe, bouleversé, reconnaît la comtesse Stéphanie de Vandières, la maîtresse passionnément aimée dont il fut tragiquement séparé en 1812, lors du passage de la Bérésina. Soulevé par un espoir insensé, il va tenter de rendre la vie à cette âme morte...

C'est le thème de la nouvelle offerte en primeur aux lecteurs de la revue *La Mode* au printemps de 1830. A cette date, Balzac vient d'assumer pleinement sa vocation de romancier. Certes, depuis qu'en 1819 il est entré en littérature, tournant le dos à la carrière de notaire dont rêvait sa famille, sa plume féconde a multiplié les écrits les plus variés : des essais philosophiques, une tragédie — ratée —, *Cromwell*, des romans surtout, publiés sous

5

des pseudonymes de fantaisie, Lord R'Hoone ou Horace de Saint-Aubin, et qu'il traitera plus tard de « cochonneries littéraires ». Mais c'est en 1829 qu'il signe pour la première fois de son nom *Le Dernier Chouan*, qui deviendra *Les Chouans*, où il s'inspire d'un des épisodes les plus atroces de la période révolutionnaire. C'est que Balzac à cette époque rêve de marcher sur les traces de Walter Scott, qui avait mis à la mode le roman historique. Il songe à une *Histoire de France pittoresque* comportant « autant de scènes historiques qu'il y a de siècles depuis l'invasion des Francs » ; l'ouvrage devait comprendre un ensemble de *Scènes de la vie militaire* où *Adieu* aurait eu sa place. Projet naufragé, dont ne subsistent, avec *Adieu*, que quelques épaves : récits se déroulant sous la Révolution, comme *Les Chouans*, ou sous l'Empire, tel *Le Colonel Chabert*. Dans *Adieu*, c'est le désastre de la Bérésina — dont le récit, enchâssé au cœur de la nouvelle, transporte le lecteur sept ans en arrière, des forêts de l'Ile-de-France aux plaines glacées de la Russie — qui va infléchir le destin de deux amants. Histoire contemporaine, riche en événements grandioses et terribles, qui avaient profondément marqué les esprits, et prenaient des dimensions d'épopée.

Comme tout romancier qui se mesure avec l'Histoire, Balzac devait plier son imagination à la contrainte des faits. Pour peindre ce désastre des campagnes napoléoniennes, il pouvait puiser dans les souvenirs de témoins oculaires, comme son ami le capitaine Périolas, survivant de la campagne de Russie, dont il fera le commandant Genestas du *Médecin de campagne* ; ou encore dans l'ouvrage du général comte de Ségur, *Histoire de Napoléon et de la Grande Armée pendant l'année 1812*, parue en 1824. Balzac disposait donc d'une matière surabondante : chronologie des opérations militaires, détresse physique et morale des débris de l'armée, sauvagerie de la lutte pour la vie, actes inouïs de courage et d'abnégation, drames privés au sein de la tourmente. Dans cette masse il choisit, regroupe, structure les éléments propres à créer une grande fresque dramatique, il invente l'épisode titanesque de la construction d'un radeau salvateur, et s'il laisse leur rôle aux acteurs historiques — le maréchal Victor, le général Éblé et ses héroïques pontonniers —, il met au premier plan deux personnages fictifs, le major Philippe de Sucy, modèle de volonté intelligente et de courage chevaleresque, et le grenadier Fleuriot, intrépide et gouailleur, incarnation de ces « grognards », ces obscurs, ces sans-grade, ces oubliés et humiliés de l'Histoire, qui, tel le Gondrin du *Médecin de campagne*, se feront les propagateurs passionnés de la légende napoléonienne.

Balzac, pourtant, ne poursuivra pas dans cette voie, et *Adieu*, d'abord sous-titré *Souvenirs soldatesques*, prend bientôt rang parmi les *Études philosophiques*, au même titre que *La Peau de chagrin* ou *Louis Lambert*. Certes, l'évocation de Stéphanie folle, errant comme un fantôme dans un paysage de ruines d'une « poésie ravissante », sacrifie quelque peu aux modes romantiques : goût du mystère, atmosphère fantastique, prédilection pour des personnages hors norme. Ossian et le « roman noir » anglais sont passés par là. Mais cette « étude » de la folie répond à l'intérêt très précoce de Balzac pour la science et la philosophie. Ne déclarait-il pas en 1845 s'intéresser depuis plus de vingt-sept ans « aux plus hautes questions de la médecine mentale » ? Ce n'est point vantardise : dans le bouillonnement intellectuel de son adolescence, il s'est nourri de lectures scientifiques et philosophiques, avec une prédilection pour les œuvres que les philosophes ont consacrées depuis l'Antiquité au cerveau humain. La comtesse de Vandières est l'un des personnages qui, tout au long de son œuvre, illustreront les théories de Balzac sur le fonctionnement du psychisme humain, la nature et les pouvoirs de la pensée, qu'il conçoit comme un « fluide » capable de « foudroyer » l'être quand elle est portée à son plus haut degré.

L'actualité pouvait l'inciter à la construction d'un tel système, ces problèmes se trouvant au cœur de la réflexion scientifique et philosophique du temps. On s'interrogeait sur la folie, sur les thérapies à mettre en pratique pour sa guérison. Les aliénistes — nos modernes psychiatres — prônaient soit une méthode douce et progressive — celle du docteur Fanjat, l'oncle de Stéphanie —, soit un traitement de choc — celui que tente Philippe en dernier ressort. C'était aussi le temps des êtres « sauvages » ou prétendus tels, qui constituaient une énigme : une « fille sauvage » découverte dans le Doubs en 1731, une folle qui vivait nue dans les montagnes de l'Ariège et que des chasseurs capturèrent en 1809, ou encore le plus célèbre, Victor, l'« enfant sauvage » de l'Aveyron, découvert en 1799, transporté à Paris et que le docteur Itard essaya vainement d'éveiller à la conscience. « Êtres à l'état de nature » pour les uns, vivants modèles pour l'étude de l'homme primitif selon Rousseau, débiles mentaux irrécupérables pour les autres, leur étonnante agilité animale et leur absence de toute affectivité se retrouvent en Stéphanie.

Mais pas plus que l'épisode du passage de la Bérésina n'est un simple fragment de livre d'histoire, l'évocation de sa folie n'est un chapitre d'un traité de psychiatrie. C'est la vision pathétique d'un être que des circonstances tragiques ont dépossédé de lui-même. Déjà, sur la rive de la Bérésina, empaquetée dans des vêtements disparates, hébétée par le froid, la faim et la peur, elle a perdu toute féminité et presque toute pensée ; lors des retrouvailles à l'Isle-Adam, la créature animale et impudique qu'elle est devenue est pour Philippe une source de torture permanente et pour son oncle l'occasion d'un amour et d'un dévouement quotidiens que rien ne rebute. Et loin de théoriser ses conceptions en longs développements, c'est par la mort foudroyante de son héroïne que Balzac illustre dramatiquement le pouvoir meurtrier de la pensée [1] : « La vie et la mort tombent sur elle comme la foudre, elle n'en soutient pas l'assaut, elle meurt [2]. » — Comme mourront, dans un semblable paroxysme, Raphaël dans *La Peau de Chagrin* ou César Birotteau. Enfin, mieux que d'autres romans des *Études philosophiques (Louis Lambert* ou *Séraphita)*, abstraits et systématiques, cette nouvelle laisse entrevoir, par son dénouement doublement tragique, les convictions spiritualistes de Balzac et sa quête d'une transcendance.

Tableau d'histoire et étude philosophique par le truchement d'une intrigue romanesque, cette nouvelle évoque aussi en quelques touches rapides les « sociétés parisiennes », leurs rumeurs de salon, leurs stratégies matrimoniales, qui ont fait de Stéphanie une « mal mariée » à un vieux général et de Philippe une proie pour les mères avides de marier brillamment leurs filles. Par là, *Adieu* s'apparente à tous les grands romans dans lesquels Balzac se fera l'observateur minutieux et féroce de l'inépuisable *Comédie humaine*.

---

1. Dans une œuvre simplement ébauchée, *Les Martyrs ignorés*, Balzac commente : « Savez-vous ce que j'entends par penser ? Les passions, les vices, les occupations extrêmes, les douleurs, les plaisirs sont des torrents de pensées. Réunissez sur un point donné quelques idées violentes, un homme est tué par elles comme s'il recevait un coup de poignard. »
2. Introduction par Félix Davin aux *Études philosophiques*.

Histoire du texte

Balzac a daté cette nouvelle de « Paris, mars 1830 ».

La première parution eut lieu dans la revue hebdomadaire d'Émile de Girardin, *La Mode*, sous le titre « Souvenirs soldatesques/Adieu », en 2 fois : le 15 mai 1830, la première partie, « Les Bonshommes », et le 5 juin, les deux autres parties, intitulées respectivement « Le passage de la Bérésina » et « La guérison ».

A cette date, Balzac compte intégrer la nouvelle dans un vaste ensemble de *Scènes de la vie militaire*, qu'il a promis à ses éditeurs, et qu'il n'écrira jamais.

En 1832, *Adieu* figure dans la seconde édition des *Scènes de la vie privée* (tome III), sous un autre titre, *Le Devoir d'une femme*. Le texte n'est plus subdivisé en trois parties, et les titres intérieurs ont disparu. Il en sera de même dans les éditions suivantes.

A partir de 1835, l'œuvre prend place dans les *Études philosophiques* (tome IV) et a retrouvé son titre originel, *Adieu*.

Dans l'édition de *La Comédie humaine*, annoncée le 1er août 1846 par la *Bibliographie de la France*, elle figure au tome XV, entre *L'Enfant maudit* et *Les Marana*.

On possède, pour la première partie uniquement, le manuscrit de Balzac jusqu'à la phrase : « Vous avez failli tuer ma pauvre malade. »

L'édition critique la plus récente est celle de la Bibliothèque de la Pléiade (Gallimard), tome X, *Études philosophiques* (nouv. édition 1992) avec une présentation et des notes de Moyse Le Yaouanc.

REPÈRES CHRONOLOGIQUES

Dates	Vie et œuvres	Événements politiques et faits de société	Lettres, Arts et Sciences
1799	Naissance à Tours. Il sera le mal-aimé d'un couple mal assorti.	Coup d'État de Bonaparte (18 Brumaire). Le Consulat.	Découverte en Égypte de la pierre de Rosette.
1800			Volta : la pile électrique.
1802		Création de la Légion d'honneur. Réorganisation de l'enseignement secondaire.	Chateaubriand, *Le Génie du christianisme*.
1804		Napoléon empereur. L'Empire. Code civil.	David, peintre officiel. Beethoven, *Symphonie « héroïque »*.
1805		Début des guerres napoléoniennes.	Jacquard invente le métier à tisser la soie.
1807	Pensionnaire au collège de Vendôme (→ 1813) puis dans des institutions parisiennes.		
1808		Création de la noblesse d'Empire.	Goethe, premier *Faust*.
1809		Apogée de l'Empire.	Chateaubriand, *Les Martyrs*.
1810		Code pénal.	Goya, *Les Désastres de la guerre* (1810-1813).
1812		Campagne de Russie.	Byron, *Childe Harold*. Décret de Moscou organisant la Comédie-Française.
1813		Effondrement de l'Empire.	
1814		Première Restauration. Retour de Louis XVIII.	Goya, *Dos de Mayo et Tres de Mayo*.
1815		Les Cent-Jours. Abdication définitive de Napoléon. Règne de Louis XVIII (→ 1824). La Restauration (→ 1830).	

REPÈRES CHRONOLOGIQUES

Dates	Vie et œuvres	Événements politiques et faits de société	Lettres, Arts et Sciences
1816 -1817	Étudiant en droit et clerc de notaire à Paris.		Cuvier, *Le Règne animal*.
1818			Mary Shelley, *Frankenstein*.
1819	Décide de se consacrer à la littérature.		W. Scott, *Ivanhoe*. Géricault, *Le Radeau de la Méduse*. Laennec publie ses travaux sur l'auscultation.
1820			Lamartine, *Méditations poétiques*. Travaux d'Ampère et Arago sur l'électromagnétisme.
1821		Mort de Napoléon. Insurrection grecque.	
1822	Début de la liaison avec Mme de Berny, son aînée de 22 ans. Intense activité intellectuelle (lectures, essais, ébauches).	Lois contre la liberté individuelle et contre la presse.	Champollion déchiffre les hiéroglyphes.
1823 -1825	Premiers romans (sous pseudonyme). Journalisme.		Niepce invente la photographie.
1824		Mort de Louis XVIII. Avènement de Charles X.	Beethoven, *IXᵉ Symphonie*. Delacroix, *Les Massacres de Scio*.
1826	Balzac, homme d'affaires (édition, imprimerie). Début des problèmes d'argent.		Vigny, *Cinq-Mars*. F. Cooper, *Le Dernier des Mohicans*.
1829	Première parution sous son nom : *Le Dernier Chouan* (*Les Chouans*). *La Physiologie du mariage*.		A. Dumas, *Henri III et sa cour* (triomphe au théâtre).

REPÈRES CHRONOLOGIQUES

Dates	Vie et œuvres	Événements politiques et faits de société	Lettres, Arts et Sciences
1830	*Adieu* (en revue) et *Scènes de la vie privée*.	Révolution de Juillet. Louis-Philippe, roi des Français. Prise d'Alger par les Français. La Monarchie de Juillet. Révolte des canuts de Lyon.	Stendhal, *Le Rouge et le Noir*. Hugo, bataille d'*Hernani*.
1831	*La Peau de chagrin. Contes philosophiques*. Balzac romancier à la mode.		Hugo, *Notre-Dame de Paris*. Delacroix, *La Liberté guidant le Peuple*.
1832	Début des séjours en Touraine (Saché). Début de la correspondance avec « l'Étrangère » (Mme Hanska). *Le Colonel Chabert*. Ralliement au parti légitimiste (royaliste).		Daumier condamné pour ses dessins contre Louis-Philippe.
1833	Première rencontre avec Mme Hanska. *Le Médecin de campagne*.	Loi Guizot sur l'enseignement primaire.	
1834	*Le Père Goriot*.		
1835		Répression de l'opposition républicaine.	Vigny, *Servitude et grandeur militaires*.
1836	Mort de Mme de Berny. Voyage en Italie. A Paris, déménagements fréquents pour échapper aux créanciers. *Le Lys dans la vallée*.		Musset, *Les Nuits*. Bellini, *La Norma*. Charlet, *La Retraite de Russie*. Inauguration de l'arc de triomphe de l'Étoile. L'obélisque place de la Concorde. Mérimée, *La Vénus d'Ille*.
1837			
1838	Voyages : Italie, Sardaigne. Séjour à Nohant.		Hugo, *Ruy Blas*.
1839	Président de la Société des Gens de Lettres.		Stendhal, *La Chartreuse de Parme*.

REPÈRES CHRONOLOGIQUES

Dates	Vie et œuvres	Événements politiques et faits de société	Lettres, Arts et Sciences
1840	Installation à Passy (actuelle « Maison de Balzac »).	Retour des cendres de Napoléon.	Mérimée, *Colomba*.
1841	Signature du contrat pour la publication de *La Comédie humaine*.		
1843	Retrouvailles avec Mme Hanska, veuve.		
1844	Graves ennuis de santé.		Dumas, *Les Trois Mousquetaires* ; *Le Comte de Monte-Cristo* (en feuilleton).
1845	Voyages avec Mme Hanska en France et en Europe.		Mérimée. *Carmen*. Wagner, *Tannhaüser*.
1846	Fin de la publication de *La Comédie humaine* en 16 volumes.		Berlioz, *La Damnation de Faust*.
1847	Séjour en Ukraine chez Mme Hanska.		Michelet, *Histoire de la Révolution française*.
1848	Sérieux problèmes de santé, mais nombreux projets. Hostile aux mouvements révolutionnaires.	Révolutions en France et en Europe. Proclamation de la IIe République. Louis-Napoléon président.	Chateaubriand, *Mémoires d'outre-tombe*.
1849	En Ukraine, mariage toujours différé, faute de l'autorisation du tsar.	Découverte de l'or en Californie.	
1850	Mariage en Ukraine. Maladie. Retour à Paris et mort (oraison funèbre par Victor Hugo).	Loi Falloux.	

La campagne de Russie (1812)

24-30 juin : franchissement du Niémen par les armées napoléoniennes (troupes françaises et corps auxiliaires alliés). Napoléon prévoit une campagne courte (20 jours).

Juillet-
mi-août : les Russes se dérobent devant l'ennemi, qu'ils entraînent toujours plus avant, en pratiquant la tactique de la terre brûlée.

16-17 août : bataille de Smolensk.

7 septembre : bataille de la Moskova ou de Borodino. Victoire incomplète de Napoléon sur Koutouzov.

14 septembre : les Français à Moscou.

15-20
septembre : incendie de Moscou, faussement attribué aux Français. L'empereur Alexandre proclame la guerre sainte contre le « nouvel Attila ».

Fin octobre et novembre :	itinéraire de retour, identique à celui de l'aller, à travers des régions dévastées. Précocité de l'hiver (- 30°). Harcèlement incessant des Russes.
21-29 novembre :	combats et passage de la Bérésina.
5 décembre :	Napoléon confie les débris de l'armée à Murat. Il rentre en France sur des rumeurs de complot.
14 décembre :	dernier combat sur le sol russe.

Adieu

Au Prince Frédéric Schwarzenberg [1]

1. Prince et général autrichien, ami de Balzac, à qui il fit visiter le champ de bataille de Wagram, le 31 mai 1835. Son père fut l'un des adversaires de Napoléon au cours des campagnes de 1813 et 1814. Cette dédicace a remplacé, dans l'édition de 1846, une épigraphe de 1835, — une phrase extraite de *César Birotteau*, encore inachevé à l'époque : « Les plus hardis physiologistes sont effrayés par les résultats physiques de ce phénomène moral, qui n'est cependant qu'un foudroiement opéré à l'intérieur, et comme tous les effets électriques, bizarre et capricieux dans ses modes. »

— Allons, député du centre[1] en avant ! Il s'agit d'aller au pas accéléré si nous voulons être à table en même temps que les autres. Haut le pied ! Saute, marquis[2] ! là donc ! bien. Vous franchissez les sillons comme un véritable cerf !

Ces paroles étaient prononcées par un chasseur paisiblement assis sur une lisière de la forêt de L'Isle-Adam[3], et qui achevait de fumer un cigare de La Havane en attendant son compagnon, sans doute égaré depuis longtemps dans les halliers[4] de la forêt. A ses côtés, quatre chiens haletants regardaient comme lui le personnage auquel il s'adressait. Pour comprendre combien étaient railleuses ces allocutions[5] répétées par intervalles, il faut dire que le chasseur était un gros homme court dont le

---

1. A la date du récit, les constitutionnels ou modérés sont au gouvernement et disposent de la majorité à la Chambre.
2. Encouragement ironique. A l'origine, dans la pièce de Regnard, *Le Joueur* (IV, 10), exclamation d'un faux marquis qui se réjouit de ses prétendus succès. Passée en proverbe, elle est reprise par Marivaux, qui en fait la dernière réplique d'Arlequin dans *Le Jeu de l'amour et du hasard* (III, 9). — Ici, c'est à un vrai marquis qu'elle s'adresse.
3. Balzac connaissait bien la région. De 1817 à 1822, il avait fait des séjours à l'Isle-Adam même, chez un ami de son père, qui lui avait fait découvrir la forêt. En 1829, il avait été l'invité de la duchesse d'Abrantès au château de Maffliers.
4. Fourrés touffus, buissons serrés qui gênent la marche en forêt.
5. Apostrophes, interpellations ; au sens actuel, bref discours prononcé en public par une personnalité.

ventre proéminent accusait un embonpoint véritablement ministériel [1]. Aussi arpentait-il avec peine les sillons d'un vaste champ récemment moissonné, dont les chaumes [2] gênaient considérablement sa marche ; puis, pour surcroît de douleur, les rayons du soleil qui frappaient obliquement sa figure y amassaient de grosses gouttes de sueur. Préoccupé par le soin de garder son équilibre, il se penchait tantôt en avant, tantôt en arrière, en imitant ainsi les soubresauts d'une voiture fortement cahotée. Ce jour était un de ceux qui, pendant le mois de septembre, achèvent de mûrir les raisins par des feux équatoriaux [3]. Le temps annonçait un orage. Quoique plusieurs grands espaces d'azur séparassent encore vers l'horizon de gros nuages noirs, on voyait des nuées blondes s'avancer avec une effrayante rapidité, en étendant, de l'ouest à l'est, un léger rideau grisâtre. Le vent n'agissant que dans la haute région de l'air, l'atmosphère comprimait vers les bas-fonds les brûlantes vapeurs de la terre. Entouré de hautes futaies qui le privaient d'air, le vallon que franchissait le chasseur avait la température d'une fournaise. Ardente [4] et silencieuse, la forêt semblait avoir soif. Les oiseaux, les insectes étaient muets, et les cimes des arbres s'inclinaient à peine. Les personnes auxquelles il reste quelque souvenir de l'été de 1819, doivent donc compatir aux maux du pauvre ministériel [5], qui suait sang et eau pour rejoindre son compagnon moqueur. Tout en fumant son cigare,

---

1. Digne d'un ministre.
2. Partie de la tige qui reste sur pied après la moisson.
3. Chaleurs dignes d'un climat équatorial. L'été de 1819 fut particulièrement torride.
4. Au sens étymologique : brûlante (du latin *ardens* : qui est en feu).
5. Employé ici comme nom : soutien du ministère, membre du même parti. Voir également p. 21, note 1.

celui-ci avait calculé, par la position du soleil, qu'il pouvait être environ cinq heures du soir.

— Où diable sommes-nous ? dit le gros chasseur en s'essuyant le front et s'appuyant contre un arbre du champ, presque en face de son compagnon ; car il ne se sentit plus la force de sauter le large fossé qui l'en séparait.

— Et c'est à moi que tu le demandes, répondit en riant le chasseur couché dans les hautes herbes jaunes qui couronnaient le talus. Il jeta le bout de son cigare dans le fossé, en s'écriant : Je jure par saint Hubert[1] qu'on ne me reprendra plus à m'aventurer dans un pays inconnu avec un magistrat[2], fût-il comme toi, mon cher d'Albon, un vieux camarade de collège !

— Mais, Philippe, vous ne comprenez donc plus le français ? Vous avez sans doute laissé votre esprit en Sibérie, répliqua le gros homme en lançant un regard douloureusement comique sur un poteau qui se trouvait à cent pas de là.

— J'entends[3] ! répondit Philippe qui saisit son fusil, se leva tout à coup, s'élança d'un seul bond dans le champ, et courut vers le poteau. Par ici, d'Albon, par ici ! demi-tour à gauche, cria-t-il à son compagnon en lui indiquant par un geste une large voie pavée. *Chemin de Baillet à L'Isle-Adam !* reprit-il, ainsi nous trouverons dans cette direction celui de Cassan[4], qui doit s'embrancher sur celui de L'Isle-Adam.

---

1. Patron des chasseurs.
2. Le marquis d'Albon est juge.
3. Je comprends.
4. Baillet est un village au sud-est de la forêt, à huit kilomètres environ de l'Isle-Adam. Cassan était, au nord-ouest, tout proche de la ville, un vaste domaine dont le château a disparu de nos jours au profit d'un lotissement immobilier. Seul subsiste, au bord du lac, le pavillon chinois, attribué à Fragonard. Balzac en fait la demeure du marquis.

— C'est juste, mon colonel, dit monsieur d'Albon en remettant sur sa tête une casquette avec laquelle il venait de s'éventer.

— En avant donc, mon respectable conseiller [1], répondit le colonel Philippe en sifflant les chiens qui semblaient déjà lui mieux obéir qu'au magistrat auquel ils appartenaient.

— Savez-vous, monsieur le marquis, reprit le militaire goguenard [2], que nous avons encore plus de deux lieues [3] à faire ? Le village que nous apercevons là-bas doit être Baillet.

— Grand Dieu ! s'écria le marquis d'Albon, allez à Cassan, si cela peut vous être agréable, mais vous irez tout seul. Je préfère attendre ici, malgré l'orage, un cheval que vous m'enverrez du château. Vous vous êtes moqué de moi, Sucy. Nous devions faire une jolie petite partie de chasse, ne pas nous éloigner de Cassan, fureter sur les terres que je connais. Bah ! au lieu de nous amuser, vous m'avez fait courir comme un lévrier depuis quatre heures du matin, et nous n'avons eu pour tout déjeuner que deux tasses de lait ! Ah ! si vous avez jamais un procès à la Cour, je vous le ferai perdre, eussiez-vous cent fois raison [4].

Le chasseur découragé s'assit sur une des bornes qui étaient au pied du poteau, se débarrassa de son fusil, de sa carnassière vide, et poussa un long soupir.

---

1. Juge de certaines cours judiciaires. Monsieur d'Albon est conseiller à la cour de Paris.
2. Railleur, moqueur.
3. Huit kilomètres environ. La lieue est une ancienne mesure de distance d'environ quatre kilomètres.
4. Même si vous aviez cent fois raison.

— France ! voilà tes députés, s'écria en riant le colonel de Sucy. Ah ! mon pauvre d'Albon, si vous aviez été comme moi six ans au fond de la Sibérie...

Il n'acheva pas et leva les yeux au ciel, comme si ses malheurs étaient un secret entre Dieu et lui.

— Allons ! marchez ! ajouta-t-il. Si vous restez assis, vous êtes perdu[1].

— Que voulez-vous, Philippe ? c'est une si vieille habitude chez un magistrat[2] ! D'honneur, je suis excédé[3] ! Encore si j'avais tué un lièvre !

Les deux chasseurs présentaient un contraste assez rare. Le ministériel[4] était âgé de quarante-deux ans et ne paraissait pas en avoir plus de trente, tandis que le militaire, âgé de trente ans[5], semblait en avoir au moins quarante. Tous deux étaient décorés de la rosette rouge, attribut des officiers de la Légion d'honneur. Quelques mèches de cheveux, mélangées de noir et de blanc comme l'aile d'une pie, s'échappaient de dessous la casquette du colonel ; de belles boucles blondes ornaient les tempes du magistrat. L'un était d'une haute taille, sec, maigre, nerveux, et les rides de sa figure blanche trahissaient des passions terribles ou d'affreux malheurs ; l'autre avait un visage brillant de santé, jovial[6] et digne

---

1. Philippe a connu pareille expérience lors du passage de la Bérésina, où l'immobilité signifiait la mort. Voir également p. 52 : « L'aide de camp marcha pour ne pas se geler. »

2. Allusion à la magistrature assise par opposition à la magistrature debout ; les juges appartiennent à la magistrature assise ; d'où la plaisanterie sur leur peu d'aptitude aux exercices physiques.

3. Épuisé et exaspéré.

4. Voir plus haut, p. 22, note 5.

5. Cette différence d'âge — douze ans — rend problématique la camaraderie de collège évoquée p. 23.

6. Qui respire la joie de vivre (littéralement = né sous le signe de Jupiter, signe de bonheur et de gaieté).

d'un épicurien [1]. Tous deux étaient fortement hâlés par le soleil, et leurs longues guêtres de cuir fauve portaient les marques de tous les fossés, de tous les marais qu'ils avaient traversés.

— Allons, s'écria monsieur de Sucy, en avant ! Après une petite heure de marche nous serons à Cassan, devant une bonne table.

— Il faut que vous n'ayez jamais aimé, répondit le conseiller d'un air piteusement comique, vous êtes aussi impitoyable que l'article 304 du Code pénal [2] !

Philippe de Sucy tressaillit violemment ; son large front se plissa ; sa figure devint aussi sombre que l'était le ciel en ce moment. Quoiqu'un souvenir d'une affreuse amertume crispât tous ses traits, il ne pleura pas. Semblable aux hommes puissants, il savait refouler ses émotions au fond de son cœur, et trouvait peut-être, comme beaucoup de caractères purs, une sorte d'impudeur à dévoiler ses peines quand aucune parole humaine n'en peut rendre la profondeur, et qu'on redoute la moquerie des gens qui ne veulent pas les comprendre. Monsieur d'Albon avait une de ces âmes délicates qui devinent les douleurs et ressentent vivement la commotion qu'elles [3] ont involontairement produite par quelque maladresse. Il respecta le silence de son ami, se leva, oublia sa fatigue, et le suivit silencieusement, tout chagrin [4] d'avoir touché une plaie qui probablement n'était pas cicatrisée.

— Un jour, mon ami, lui dit Philippe en lui serrant la

---

1. Au sens courant, bon vivant, jouisseur. A l'origine, disciple du philosophe grec Épicure (IIIe siècle avant J.-C.), qui proposait une morale visant à atteindre la sérénité de l'âme — l'*ataraxie* — par la maîtrise des passions.
2. Article condamnant le meurtrier à la peine de mort.
3. Elles = les âmes délicates.
4. Adjectif (emploi vieilli) : chagriné, attristé.

main et en le remerciant de son muet repentir par un regard déchirant, un jour je te raconterai ma vie. Aujourd'hui, je ne saurais.

Ils continuèrent à marcher en silence. Quand la douleur du colonel parut dissipée, le conseiller retrouva sa fatigue ; et avec l'instinct ou plutôt avec le vouloir d'un homme harassé [1], son œil sonda toutes les profondeurs de la forêt ; il interrogea les cimes des arbres, examina les avenues, en espérant y découvrir quelque gîte où il pût [2] demander l'hospitalité. En arrivant à un carrefour, il crut apercevoir une légère fumée qui s'élevait entre les arbres. Il s'arrêta, regarda fort attentivement, et reconnut, au milieu d'un massif immense, les branches vertes et sombres de quelques pins.

— Une maison ! une maison ! s'écria-t-il avec le plaisir qu'aurait eu un marin à crier : « Terre ! terre ! »

Puis il s'élança vivement à travers un hallier assez épais, et le colonel, qui était tombé dans une profonde rêverie, l'y suivit machinalement.

— J'aime mieux trouver ici une omelette, du pain de ménage [3] et une chaise, que d'aller chercher à Cassan des divans, des truffes et du vin de Bordeaux.

Ces paroles étaient une exclamation d'enthousiasme arrachée au conseiller par l'aspect d'un mur dont la couleur blanchâtre tranchait, dans le lointain, sur la masse brune des troncs noueux de la forêt.

— Ah ! ah ! ceci m'a l'air d'être quelque ancien

---

1. Le vouloir : la volonté. Harassé : épuisé, fourbu.
2. Imparfait du subjonctif de « pouvoir », à valeur d'éventuel : ou il pourrait.
3. Pain grossier fait à la maison.

prieuré[1], s'écria derechef[2] le marquis d'Albon en arrivant à une grille antique et noire, d'où il put voir, au milieu d'un parc assez vaste, un bâtiment construit dans le style employé jadis pour les monuments monastiques. Comme ces coquins de moines savaient choisir un emplacement !

Cette nouvelle exclamation était l'expression de l'étonnement que causait au magistrat le poétique ermitage qui s'offrait à ses regards. La maison était située à mi-côte, sur le revers de la montagne, dont le sommet est occupé par le village de Nerville[3]. Les grands chênes séculaires de la forêt, qui décrivait un cercle immense autour de cette habitation, en faisaient une véritable solitude[4]. Le corps de logis jadis destiné aux moines avait son exposition au midi. Le parc paraissait avoir une quarantaine d'arpents[5]. Auprès de la maison, régnait une verte prairie, heureusement découpée par plusieurs ruisseaux clairs, par des nappes d'eaux gracieusement posées, et sans aucun artifice apparent. Çà et là s'élevaient des arbres verts aux formes élégantes, aux feuillages variés. Puis, des grottes habilement ménagées, des terrasses massives avec leurs escaliers dégradés[6] et leurs

---

1. Couvent, abbaye. C'est la maison des *Bonshommes*, située en forêt sur le territoire de la commune de Maffliers. A l'origine, prieuré de la communauté des *Grandmontins* ou *Bonshommes*, fondée au XIe siècle et dissoute au XVIIIe. A la veille de la Révolution, c'était un couvent du Tiers Ordre de Saint François. Au cours du XIXe siècle, un château — aujourd'hui en ruine — remplaça les restes du couvent.

2. De nouveau.

3. Village au nord-ouest de Maffliers. La région est vallonnée et humide.

4. Sens classique : un lieu solitaire, qui convient à une vie retirée.

5. Arpent : ancienne mesure agraire = à peu près 1/2 hectare.

6. Ruinés, démolis.

Château des Bonshommes.
La maison était située à mi-côte, sur le revers de la montagne.
Gouache d'André Heurlier. D.R.

rampes rouillées imprimaient une physionomie particulière à cette sauvage Thébaïde[1]. L'art y avait élégamment uni ses constructions aux plus pittoresques effets de la nature. Les passions humaines semblaient devoir mourir aux pieds de ces grands arbres qui défendaient l'approche de cet asile aux bruits du monde, comme ils y tempéraient les feux du soleil.

— Quel désordre ! se dit monsieur d'Albon après avoir joui de la sombre expression que les ruines donnaient à ce paysage, qui paraissait frappé de malédiction. C'était comme un lieu funeste abandonné par les hommes. Le lierre avait étendu partout ses nerfs tortueux[2] et ses riches manteaux. Des mousses brunes, verdâtres, jaunes ou rouges répandaient leurs teintes romantiques sur les arbres, sur les bancs, sur les toits, sur les pierres. Les fenêtres vermoulues étaient usées par la pluie, creusées par le temps ; les balcons étaient brisés, les terrasses démolies. Quelques persiennes ne tenaient plus que par un de leurs gonds. Les portes disjointes paraissaient ne pas devoir résister à un assaillant. Chargées des touffes luisantes du gui, les branches des arbres fruitiers négligés s'étendaient au loin sans donner de récolte. De hautes herbes croissaient dans les allées. Ces débris jetaient dans le tableau des effets d'une poésie ravissante[3], et des idées rêveuses dans l'âme du spectateur. Un poète serait resté là plongé dans une longue mélancolie, en admirant ce désordre plein d'harmonies, cette destruction qui n'était pas sans grâce. En ce moment, quelques

---

1. A l'origine, la Thébaïde est la région voisine de Thèbes, en Égypte, où vécurent, dans les premiers siècles de l'ère chrétienne, de nombreux moines et ermites. — Dans son emploi littéraire, le mot désigne un lieu écarté et sauvage, loin des tracas du monde.
2. Troncs noueux des vieux lierres.
3. Qui transporte l'âme.

rayons de soleil se firent jour à travers les crevasses des nuages, illuminèrent par des jets de mille couleurs cette scène à demi sauvage. Les tuiles brunes resplendirent, les mousses brillèrent, des ombres fantastiques s'agitèrent sur les prés, sous les arbres ; des couleurs mortes se réveillèrent, des oppositions piquantes se combattirent, les feuillages se découpèrent dans la clarté. Tout à coup, la lumière disparut. Ce paysage qui semblait avoir parlé, se tut, et redevint sombre, ou plutôt doux comme la plus douce teinte d'un crépuscule d'automne.

— C'est le palais de la Belle au Bois Dormant, se dit le conseiller qui ne voyait déjà plus cette maison qu'avec les yeux d'un propriétaire. A qui cela peut-il donc appartenir ? Il faut être bien bête pour ne pas habiter une si jolie propriété.

Aussitôt, une femme s'élança de dessous un noyer planté à droite de la grille, et sans faire de bruit passa devant le conseiller aussi rapidement que l'ombre d'un nuage ; cette vision le rendit muet de surprise.

— Eh ! bien, d'Albon, qu'avez-vous ? lui demanda le colonel.

— Je me frotte les yeux pour savoir si je dors ou si je veille, répondit le magistrat en se collant sur la grille pour tâcher de revoir le fantôme. Elle est probablement sous ce figuier, dit-il en montrant à Philippe le feuillage d'un arbre qui s'élevait au-dessus du mur, à gauche de la grille.

— Qui, elle ?

— Eh ! puis-je le savoir ? reprit monsieur d'Albon. Il vient de se lever là, devant moi, dit-il à voix basse, une femme étrange ; elle m'a semblé plutôt appartenir à la nature des ombres qu'au monde des vivants. Elle est si svelte, si légère, si vaporeuse, qu'elle doit être diaphane [1]. Sa figure est aussi blanche que du lait. Ses vêtements, ses yeux, ses cheveux sont noirs. Elle m'a regardé en passant, et quoique je ne sois point peureux, son regard immobile et froid m'a figé le sang dans les veines.

— Est-elle jolie ? demanda Philippe.

— Je ne sais pas. Je ne lui ai vu que les yeux dans la figure.

— Au diable le dîner de Cassan, s'écria le colonel, restons ici. J'ai une envie d'enfant d'entrer dans cette singulière propriété. Vois-tu ces châssis de fenêtres peints en rouge, et ces filets rouges dessinés sur les moulures des portes et des volets ? Ne semble-t-il pas que ce soit la maison du diable, il aura peut-être hérité des moines. Allons, courons après la dame blanche et noire ! En avant ! s'écria Philippe avec une gaieté factice [2].

En ce moment, les deux chasseurs entendirent un cri assez semblable à celui d'une souris prise au piège. Ils écoutèrent. Le feuillage de quelques arbustes froissés retentit dans le silence, comme le murmure d'une onde agitée ; mais quoiqu'ils prêtassent l'oreille pour saisir quelques nouveaux sons, la terre resta silencieuse et

---

1. Vaporeuse : aussi légère et inconsistante qu'une vapeur. Diaphane : presque transparente (le sens précis est : translucide, qui laisse passer la lumière). Toute la description suggère une créature immatérielle, un esprit. Cette femme exsangue au regard étrange peut aussi faire songer à un vampire ; Balzac avait d'ailleurs écrit dans la première version : « C'est tout à fait le vampire de Lord Byron. »

Peut-être y a-t-il également, pour le narrateur Balzac — mais non pour son héros puisque l'action se déroule en 1819 — réminiscence de l'opéra-comique de Boieldieu, *La Dame blanche*, qui connut en 1825 un succès retentissant, et qui a pour cadre un château d'Écosse, hanté, comme il se doit.

2. Artificielle, feinte.

garda le secret des pas de l'inconnue, si toutefois elle avait marché.

— Voilà qui est singulier, s'écria Philippe en suivant les contours que décrivaient les murs du parc.

Les deux amis arrivèrent bientôt à une allée de la forêt qui conduit au village de Chauvry. Après avoir remonté ce chemin vers la route de Paris[1], ils se trouvèrent devant une grande grille, et virent alors la façade principale de cette habitation mystérieuse. De ce côté, le désordre était à son comble. D'immenses lézardes[2] sillonnaient les murs de trois corps de logis bâtis en équerre[3]. Des débris de tuiles et d'ardoises amoncelées à terre et des toits dégradés annonçaient une complète incurie[4]. Quelques fruits étaient tombés sous les arbres et pourrissaient sans qu'on les récoltât. Une vache paissait à travers les boulingrins[5], et foulait les fleurs des plates-bandes, tandis qu'une chèvre broutait les raisins verts et les pampres[6] d'une treille.

— Ici, tout est harmonie, et le désordre y est en quelque sorte organisé, dit le colonel en tirant la chaîne d'une cloche ; mais la cloche était sans battant.

Les deux chasseurs n'entendirent que le bruit singulièrement aigre d'un ressort rouillé. Quoique très délabrée, la petite porte pratiquée dans le mur auprès de la grille résista néanmoins à tout effort.

---

1. Actuellement la D 64, qui part de l'Isle-Adam et passe par Nerville-la-Forêt et Maffliers. Le village de Chauvry est au sud.
2. Grosses fissures sinueuses dans les murs.
3. Un bâtiment central, flanqué de deux ailes perpendiculaires.
4. Négligence, absence de soins.
5. Déformation de l'anglais *bowling-green*, « gazon pour le jeu de boules » ; mot introduit en français au XVIIe siècle avec le sens de « parterre de gazon », entouré généralement de bordures ou de talus. Il ne s'emploie plus guère que pour des parcs et jardins anciens.
6. Les branches de la vigne avec leurs feuilles, et souvent aussi leurs grappes.

— Oh ! oh ! tout ceci devient très curieux, dit-il à son compagnon.

— Si je n'étais pas magistrat, répondit monsieur d'Albon, je croirais que la femme noire est une sorcière [1].

A peine avait-il achevé ces mots, que la vache vint à la grille et leur présenta son mufle chaud, comme si elle éprouvait le besoin de voir des créatures humaines. Alors une femme, si toutefois ce nom pouvait appartenir à l'être indéfinissable qui se leva de dessous une touffe d'arbustes, tira la vache par sa corde. Cette femme portait sur la tête un mouchoir rouge d'où s'échappaient des mèches de cheveux blonds assez semblables à l'étoupe [2] d'une quenouille. Elle n'avait pas de fichu [3]. Un jupon de laine grossière à raies alternativement noires et grises, trop court de quelques pouces, permettait de voir ses jambes. L'on pouvait croire qu'elle appartenait à une des tribus de Peaux Rouges célébrées par Cooper [4] ; car ses jambes, son cou et ses bras nus semblaient avoir été peints en couleur de brique [5]. Aucun rayon d'intelligence n'animait sa figure plate. Ses yeux bleuâtres étaient sans chaleur et ternes. Quelques poils blancs clairsemés lui

---

1. Un magistrat se doit de juger selon sa raison et de rejeter toute croyance superstitieuse.
2. Matière textile végétale non filée, comme le chanvre ou le lin. La quenouille est le bâton rigide sur lequel on plaçait la matière à filer (laine, soie, chanvre, etc.).
3. Pièce de tissu (laine, soie, dentelle), pliée en pointe, et dont les femmes se couvraient le cou, la gorge et les épaules.
4. Écrivain américain (1789-1851), qui connut une très grande popularité. Deux de ses romans les plus célèbres, *La Prairie* et *Le Dernier des Mohicans*, venaient d'être traduits en 1827 et 1828. C'était, avec Walter Scott, l'un des écrivains favoris de Balzac.
5. Jusqu'à une époque récente, la blancheur du teint était l'un des critères de la beauté féminine. Le hâle est le propre de la paysanne, exposée aux champs à toutes les agressions du soleil.

tenaient lieu de sourcils. Enfin, sa bouche était contournée de manière à laisser passer des dents mal rangées, mais aussi blanches que celles d'un chien.

— Ohé ! la femme ! cria monsieur de Sucy.

Elle arriva lentement jusqu'à la grille, en contemplant d'un air niais les deux chasseurs à la vue desquels il lui échappa un sourire pénible et forcé.

— Où sommes-nous ? Quelle est cette maison-là ? A qui est-elle ? Qui êtes-vous ? Êtes-vous d'ici ?

A ces questions et à une foule d'autres que lui adressèrent successivement les deux amis, elle ne répondit que par des grognements gutturaux [1] qui semblaient appartenir plus à l'animal qu'à la créature humaine.

— Ne voyez-vous pas qu'elle est sourde et muette ? dit le magistrat.

— *Bons-Hommes !* s'écria la paysanne.

— Ah ! elle a raison. Ceci pourrait bien être l'ancien couvent des Bons-Hommes [2], dit monsieur d'Albon.

Les questions recommencèrent. Mais, comme un enfant capricieux, la paysanne rougit, joua avec son sabot, tortilla la corde de la vache qui s'était remise à paître, regarda les deux chasseurs, examina toutes les parties de leur habillement ; elle glapit, grogna, gloussa, mais elle ne parla pas.

— Ton nom ? lui dit Philippe en la contemplant fixement comme s'il eût voulu l'ensorceler.

— Geneviève, dit-elle en riant d'un air bête.

— Jusqu'à présent la vache est la créature la plus

---

1. Qui viennent de la gorge, rauques.
2. Voir plus haut (p. 28, note 1). — Pour décrire le domaine où vit son héroïne, Balzac a incorporé au site des *Bonshommes* des éléments empruntés au jardin anglo-chinois de Cassan, et peut-être aux ruines de l'ancienne abbaye du Val, située elle aussi dans la forêt, au voisinage de Mériel (c'est aujourd'hui une propriété privée).

intelligente que nous ayons vue, s'écria le magistrat. Je vais tirer un coup de fusil pour faire venir du monde.

Au moment où d'Albon saisissait son arme, le colonel l'arrêta par un geste, et lui montra du doigt l'inconnue qui avait si vivement piqué leur curiosité. Cette femme semblait ensevelie dans une méditation profonde, et venait à pas lents par une allée assez éloignée, en sorte que les deux amis eurent le temps de l'examiner. Elle était vêtue d'une robe de satin noir tout usée. Ses longs cheveux tombaient en boucles nombreuses sur son front, autour de ses épaules, descendaient jusqu'en bas de sa taille, et lui servaient de châle. Accoutumée sans doute à ce désordre, elle ne chassait que rarement sa chevelure de chaque côté de ses tempes ; mais alors, elle agitait la tête par un mouvement brusque, et ne s'y prenait pas à deux fois pour dégager son front ou ses yeux de ce voile épais. Son geste avait d'ailleurs, comme celui d'un animal, cette admirable sécurité de mécanisme dont la prestesse [1] pouvait paraître un prodige dans une femme. Les deux chasseurs étonnés la virent sauter sur une branche de pommier et s'y attacher avec la légèreté d'un oiseau. Elle y saisit des fruits, les mangea, puis se laissa tomber à terre avec la gracieuse mollesse qu'on admire chez les écureuils. Ses membres possédaient une élasticité qui ôtait à ses moindres mouvements jusqu'à l'apparence de la gêne ou de l'effort. Elle joua sur le gazon, s'y roula comme aurait pu le faire un enfant ; puis, tout à coup, elle jeta ses pieds et ses mains en avant, et resta étendue sur l'herbe avec l'abandon, la grâce, le naturel d'une jeune chatte endormie au soleil. Le tonnerre ayant grondé dans le lointain, elle se retourna subitement, et se mit à quatre pattes avec la miraculeuse adresse d'un

---

1. Agilité et rapidité *(cf.* prestidigitateur).

Cette femme semblait ensevelie dans une méditation profonde.
Gravure de Bertall. Photo J.-L. Charmet.

chien qui entend venir un étranger. Par l'effet de cette bizarre attitude, sa noire chevelure se sépara tout à coup en deux larges bandeaux qui retombèrent de chaque côté de sa tête, et permit aux deux spectateurs de cette scène singulière d'admirer des épaules dont la peau blanche brilla comme les marguerites de la prairie, un cou dont la perfection faisait juger celle de toutes les proportions du corps.

Elle laissa échapper un cri douloureux, et se leva tout à fait sur ses pieds. Ses mouvements se succédaient si gracieusement, s'exécutaient si lestement, qu'elle semblait être, non pas une créature humaine, mais une de ces filles de l'air célébrées par les poésies d'Ossian[1]. Elle alla vers une nappe d'eau, secoua légèrement une de ses jambes pour la débarrasser de son soulier, et parut se plaire à tremper son pied blanc comme l'albâtre[2] dans la source en y admirant sans doute les ondulations qu'elle y produisait, et qui ressemblaient à des pierreries. Puis elle s'agenouilla sur le bord du bassin, s'amusa, comme un enfant, à y plonger ses longues tresses et à les en tirer brusquement pour voir tomber goutte à goutte

---

1. Ossian, fils de Fingal, barde légendaire écossais du IIIe siècle. En 1760, l'écrivain James Macpherson avait publié une traduction anglaise de prétendus *Fragments de poésie ancienne recueillis dans les montagnes d'Écosse*, dont il était en partie l'auteur. Malgré la supercherie et les querelles qui mirent aux prises partisans et adversaires de l'authenticité, l'Europe entière s'enthousiasma pour ces chants de guerre et d'amour, ces paysages de brume et d'orage, ces évocations de créatures immatérielles. Ossian fut l'un des poètes favoris de Napoléon aussi bien que de Goethe. Des peintres comme Gérard, Ingres, Girodet, des musiciens comme Mendelssohn y trouvèrent des sources d'inspiration.
2. Albâtre (n. m.) : pierre tendre, translucide, généralement blanche, dont on fabrique des objets d'ornement (vases, statues, lampes). Métaphore usuelle dans la langue littéraire pour évoquer la blancheur laiteuse de la peau féminine : un teint, un cou d'albâtre.

l'eau dont elles étaient chargées, et qui, traversée par les rayons du jour, formait comme des chapelets de perles.

— Cette femme est folle, s'écria le conseiller.

Un cri rauque, poussé par Geneviève, retentit et parut s'adresser à l'inconnue, qui se redressa vivement en chassant ses cheveux de chaque côté de son visage. En ce moment, le colonel et d'Albon purent voir distinctement les traits de cette femme, qui, en apercevant les deux amis, accourut en quelques bonds à la grille avec la légèreté d'une biche.

— *Adieu !* dit-elle d'une voix douce et harmonieuse, mais sans que cette mélodie, impatiemment attendue par les chasseurs, parût dévoiler le moindre sentiment ou la moindre idée.

Monsieur d'Albon admira les longs cils de ses yeux, ses sourcils noirs bien fournis, une peau d'une blancheur éblouissante et sans la plus légère nuance de rougeur. De petites veines bleues tranchaient seules sur son teint blanc. Quand le conseiller se tourna vers son ami pour lui faire part de l'étonnement que lui inspirait la vue de cette femme étrange, il le trouva étendu sur l'herbe et comme mort. Monsieur d'Albon déchargea son fusil en l'air pour appeler du monde, et cria : « *Au secours !* » en essayant de relever le colonel. Au bruit de la détonation, l'inconnue, qui était restée immobile, s'enfuit avec la rapidité d'une flèche, jeta des cris d'effroi comme un animal blessé, et tournoya sur la prairie en donnant les marques d'une terreur profonde. Monsieur d'Albon entendit le roulement d'une calèche[1] sur la route de L'Isle-Adam, et implora l'assistance des promeneurs en agitant son mouchoir. Aussitôt, la voiture se dirigea vers les Bons-Hommes, et monsieur d'Albon y reconnut

---

1. Voiture légère à quatre roues, munie d'une capote à soufflet.

monsieur et madame de Granville, ses voisins [1], qui s'empressèrent de descendre de leur voiture en l'offrant au magistrat. Madame de Granville avait, par hasard, un flacon de sels [2], que l'on fit respirer à monsieur de Sucy. Quand le colonel ouvrit les yeux, il les tourna vers la prairie où l'inconnue ne cessait de courir en criant, et laissa échapper une exclamation indistincte, mais qui révélait un sentiment d'horreur ; puis il ferma de nouveau les yeux en faisant un geste comme pour demander à son ami de l'arracher à ce spectacle. Monsieur et madame de Granville laissèrent le conseiller libre de disposer de leur voiture, en lui disant obligeamment qu'ils allaient continuer leur promenade à pied.

— Quelle est donc cette dame ? demanda le magistrat en désignant l'inconnue.

— L'on présume qu'elle vient de Moulins [3], répondit monsieur de Granville. Elle se nomme la comtesse de Vandières, on la dit folle ; mais comme elle n'est ici que depuis deux mois, je ne saurais vous garantir la véracité de tous ces ouï-dire.

Monsieur d'Albon remercia monsieur et madame de Granville et partit pour Cassan.

— C'est elle, s'écria Philippe en reprenant ses sens.

— Qui ? elle ! demanda d'Albon.

— Stéphanie. Ah ! morte et vivante, vivante et folle, j'ai cru que j'allais mourir.

Le prudent magistrat, qui apprécia [4] la gravité de la

---

1. Ils habitent donc près de Cassan.
2. Les dames portaient souvent sur elles un flacon de « sels volatils » ou « sels anglais », que l'on faisait respirer en cas d'évanouissement.
3. Département de l'Allier (région du Bourbonnais). Plus loin, p. 73, l'oncle de Stéphanie dit l'avoir emmenée en Auvergne, après l'avoir retrouvée à Strasbourg.
4. Qui mesura la gravité...

crise à laquelle son ami était tout en proie, se garda bien
de le questionner ou de l'irriter, il souhaitait impatiemment arriver au château ; car le changement qui s'opérait
dans les traits et dans toute la personne du colonel lui
faisait craindre que la comtesse n'eût communiqué à
Philippe sa terrible maladie. Aussitôt que la voiture atteignit l'avenue de L'Isle-Adam, d'Albon envoya le laquais
chez le médecin du bourg ; en sorte qu'au moment où le
colonel fut couché, le docteur se trouva au chevet de
son lit.

— Si monsieur le colonel n'avait pas été presque à
jeun, dit le chirurgien, il était mort [1]. Sa fatigue l'a sauvé.

Après avoir indiqué les premières précautions à prendre, le docteur sortit pour aller préparer lui-même une
potion calmante. Le lendemain matin monsieur de Sucy
était mieux ; mais le médecin avait voulu le veiller lui-
même.

— Je vous avouerai, monsieur le marquis, dit le docteur à monsieur d'Albon, que j'ai craint une lésion au
cerveau. Monsieur de Sucy a reçu une bien violente
commotion, ses passions sont vives ; mais, chez lui, le
premier coup porté décide de tout. Demain il sera peut-
être hors de danger.

Le médecin ne se trompa point, et le lendemain il
permit au magistrat de revoir son ami.

— Mon cher d'Albon, dit Philippe en lui serrant la
main, j'attends de toi un service ! Cours promptement
aux Bons-Hommes ! informe-toi de tout ce qui concerne
la dame que nous y avons vue, et reviens promptement ;
car je compterai les minutes.

---

1. Balzac suit la théorie médicale selon laquelle l'absence de nourriture rend moins dangereuse la congestion causée par le choc émotif.
La même théorie lui permet d'expliquer la mort du docteur Benassis
dans *Le Médecin de campagne*.

Monsieur d'Albon sauta sur un cheval, et galopa jusqu'à l'ancienne abbaye. En y arrivant, il aperçut devant la grille un grand homme sec dont la figure était prévenante[1], et qui répondit affirmativement quand le magistrat lui demanda s'il habitait cette maison ruinée. Monsieur d'Albon lui raconta les motifs de sa visite.

— Eh ! quoi, monsieur, s'écria l'inconnu, serait-ce vous qui avez tiré ce coup de fusil fatal ? Vous avez failli tuer ma pauvre malade[2].

— Eh ! monsieur, j'ai tiré en l'air.

— Vous auriez fait moins de mal à madame la comtesse, si vous l'eussiez atteinte[3].

— Eh ! bien, nous n'avons rien à nous reprocher, car la vue de votre comtesse a failli tuer mon ami, monsieur de Sucy.

— Serait-ce le baron Philippe de Sucy ! s'écria le médecin en joignant les mains. Est-il allé en Russie, au passage de la Bérésina ?

— Oui, reprit d'Albon, il a été pris par les Cosaques[4] et mené en Sibérie, d'où il est revenu depuis onze mois environ.

— Entrez, monsieur, dit l'inconnu en conduisant le magistrat dans un salon situé au rez-de-chaussée de

---

1. Agréable, aimable ; une personne prévenante cherche à faire plaisir en allant au-devant des désirs d'autrui.

2. Ici s'achève le texte manuscrit de Balzac.

3. Plus-que-parfait du subjonctif marquant l'irréel du passé : si vous l'aviez atteinte.

4. Les Cosaques, descendants de nomades guerriers du sud-est de la Russie, fournissaient à la cavalerie russe des corps de troupes réguliers ou irréguliers. Combattants redoutables, ils terrorisaient les populations civiles par leurs violences et leurs cruautés. Au passage de la Bérésina, ils firent prisonniers un certain nombre d'officiers qui vécurent ensuite leur captivité dans différentes régions de Russie. Le baron de Sucy est rentré en France en 1818.

l'habitation où tout portait les marques d'une dévastation capricieuse [1].

Des vases de porcelaine précieux étaient brisés à côté d'une pendule dont la cage était respectée. Les rideaux de soie drapés devant les fenêtres étaient déchirés, tandis que le double rideau de mousseline restait intact.

— Vous voyez, dit-il à monsieur d'Albon en entrant, les ravages exercés par la charmante créature à laquelle je me suis consacré. C'est ma nièce ; malgré l'impuissance de mon art, j'espère lui rendre un jour la raison, en essayant une méthode qu'il n'est malheureusement permis qu'aux gens riches de suivre.

Puis, comme toutes les personnes qui vivent dans la solitude, en proie à une douleur renaissante, il raconta longuement au magistrat l'aventure suivante, dont le récit a été coordonné [2] et dégagé des nombreuses digressions [3] que firent le narrateur et le conseiller.

En quittant, sur les neuf heures du soir [4], les hauteurs de Studzianka [5], qu'il avait défendues pendant toute la journée du 28 novembre 1812, le maréchal Victor [6] y laissa un millier d'hommes chargés de protéger jusqu'au

---

1. Peut-être Balzac a-t-il songé au comportement de l'une des filles de ses amis de Berny, devenue, selon ses propres mots, « folle hystérique sans espoir de guérison », et qui se livrait à des destructions analogues.
2. Organisé, structuré.
3. Écarts par rapport au récit principal.
4. Sur les sources de cet épisode, voir Présentation, p. 6.
5. Village situé sur une hauteur dominant le passage choisi par Éblé.
6. Il commandait au total 6 000 hommes, et résista pendant deux jours à 20 000 Russes.

dernier moment celui des deux ponts [1] construits sur la
Bérésina qui subsistait encore. Cette arrière-garde s'était
dévouée pour tâcher de sauver une effroyable multitude
de traînards engourdis par le froid, qui refusaient obsti-
nément de quitter les équipages [2] de l'armée. L'héroïsme
de cette généreuse troupe devait être inutile. Les soldats
qui affluaient par masses sur les bords de la Bérésina y
trouvaient, par malheur, l'immense quantité de voitures,
de caissons [3] et de meubles de toute espèce que l'armée
avait été obligée d'abandonner en effectuant son passage
pendant les journées des 27 et 28 novembre. Héritiers
de richesses inespérées, ces malheureux, abrutis par le
froid, se logeaient dans les bivouacs [4] vides, brisaient
le matériel de l'armée pour se construire des cabanes,
faisaient du feu avec tout ce qui leur tombait sous la
main, dépeçaient les chevaux pour se nourrir, arrachaient
le drap ou les toiles des voitures pour se couvrir, et dormaient au lieu de continuer leur route et de franchir paisiblement pendant la nuit cette Bérésina qu'une
incroyable fatalité avait déjà rendue si funeste à
l'armée [5]. L'apathie [6] de ces pauvres soldats ne peut être

1. Un pour l'artillerie, qui se rompit le 28 novembre, et un pour
l'infanterie. Un malencontreux dégel de trois jours avait rendu impossible la traversée du fleuve sur la glace.
2. Tout le matériel nécessaire à une armée en campagne (armes,
munitions, bagages, vivres, chevaux).
3. Chariots de l'armée utilisés pour les transports militaires (artillerie, munitions, vivres).
4. Dérivé d'une langue germanique, le mot apparaît à la fin du
XVIIe siècle. Il désigne d'abord la garde de nuit d'un camp ; au XIXe,
un campement, une installation provisoire en plein air de troupes en
campagne. Aujourd'hui, on parle de bivouacs d'alpinistes ou de cam-
peurs.
5. Peut-être Balzac songe-t-il à l'effondrement du pont destiné au
passage de l'artillerie.
6. Absence de réaction, insensibilité.

comprise que par ceux qui se souviennent d'avoir traversé ces vastes déserts de neige [1], sans autre boisson que la neige, sans autre lit que la neige, sans autre perspective qu'un horizon de neige, sans autre aliment que la neige ou quelques betteraves gelées, quelques poignées de farine ou de la chair de cheval. Mourant de faim, de soif, de fatigue et de sommeil, ces infortunés arrivaient sur une plage où ils apercevaient du bois, des feux, des vivres, d'innombrables équipages abandonnés, des bivouacs, enfin toute une ville improvisée. Le village de Studzianka avait été entièrement dépecé [2], partagé, transporté des hauteurs dans la plaine. Quelque *dolente* et périlleuse que fût cette cité [3], ses misères et ses dangers souriaient à des gens qui ne voyaient devant eux que les épouvantables déserts de la Russie. Enfin c'était un vaste hôpital qui n'eut pas vingt heures d'existence. La lassitude de la vie ou le sentiment d'un bien-être inattendu rendait cette masse d'hommes inaccessible à toute pensée autre que celle du repos. Quoique l'artillerie de l'aile gauche des Russes [4] tirât sans relâche sur cette masse qui se dessinait comme une grande tache, tantôt noire, tantôt flamboyante, au milieu de la neige, ces infatigables boulets ne semblaient à la foule engourdie qu'une incommodité de plus. C'était comme un orage dont la foudre était dédaignée par tout le monde,

---

1. *Cf.* le début du poème de Victor Hugo, « L'Expiation », dans *Les Châtiments*.
2. Les soldats ont démoli les maisons du village — les isbas — pour récupérer le bois.
3. Allusion aux paroles inscrites au-dessus de la porte de l'Enfer dans *La Divine Comédie* de Dante : « *Per me si va nella città dolente* », « Par moi l'on va dans la cité des douleurs » *(Enfer*, III, 1). Quelque... que fût (imparfait du subjonctif) : bien qu'elle fût douloureuse...
4. Les Russes livraient combat à droite et à gauche de la rivière.

parce qu'elle devait n'atteindre, çà et là, que des mourants, des malades, ou des morts peut-être. A chaque instant, les traîneurs [1] arrivaient par groupes. Ces espèces de cadavres ambulants se divisaient aussitôt, et allaient mendier une place de foyer en foyer ; puis, repoussés le plus souvent, ils se réunissaient de nouveau pour obtenir de force l'hospitalité qui leur était refusée. Sourds à la voix de quelques officiers qui leur prédisaient la mort pour le lendemain, ils dépensaient la somme de courage nécessaire pour passer le fleuve, à se construire un asile d'une nuit, à faire un repas souvent funeste [2] ; cette mort qui les attendait ne leur paraissait plus un mal, puisqu'elle leur laissait une heure de sommeil. Ils ne donnaient le nom de *mal* qu'à la faim, à la soif, au froid. Quand il ne se trouva plus ni bois, ni feu, ni toile, ni abris, d'horribles luttes s'établirent entre ceux qui survenaient dénués de tout et les riches qui possédaient une demeure. Les plus faibles succombèrent. Enfin, il arriva un moment où quelques hommes chassés par les Russes n'eurent plus que la neige pour bivouac, et s'y couchèrent pour ne plus se relever. Insensiblement, cette masse d'êtres presque anéantis devint si compacte, si sourde, si stupide [3], ou si heureuse peut-être, que le maréchal Victor, qui en avait été l'héroïque défenseur en résistant à vingt mille Russes commandés par Wittgenstein [4], fut obligé de s'ouvrir un passage, de vive force, à travers cette forêt d'hommes, afin de faire franchir la Bérésina

---

1. Le mot « traîneurs », pour « traînards », se trouve chez Ségur.
2. Mortel.
3. Sans réaction, frappée de stupeur, gagnée par un engourdissement général.
4. Lieutenant général comte de Wittgenstein, général allemand au service de la Russie, commandait le 1er corps de la Ire armée russe chargé de menacer le flanc gauche de l'armée française.

A chaque instant les traîneurs arrivaient par groupe.

Gravure de E. Lampsonius. Photo J.-L. Charmet.

aux cinq mille braves qu'il amenait à l'empereur. Ces infortunés se laissaient écraser plutôt que de bouger, et périssaient en silence, en souriant à leurs feux éteints, et sans penser à la France.

A dix heures du soir seulement, le duc de Bellune[1] se trouva de l'autre côté du fleuve. Avant de s'engager sur les ponts qui menaient à Zembin[2], il confia le sort de l'arrière-garde de Studzianka à Éblé[3], ce sauveur de tous ceux qui survécurent aux calamités de la Bérésina. Ce fut environ vers minuit que ce grand général, suivi d'un officier de courage, quitta la petite cabane qu'il occupait auprès du pont, et se mit à contempler le spectacle que présentait le camp situé entre la rive de la Bérésina et le chemin de Borisov[4] à Studzianka. Le canon des Russes avait cessé de tonner ; des feux innombrables, qui au milieu de cet amas de neige, pâlissaient et semblaient ne pas jeter de lueur, éclairaient çà et là des figures qui n'avaient rien d'humain. Des malheureux, au nombre de trente mille environ, appartenant à toutes les nations que Napoléon avait jetées sur la Russie[5], étaient là, jouant leurs vies avec une brutale insouciance.

— Sauvons tout cela, dit le général à l'officier. Demain matin les Russes seront maîtres de Studzianka.

1. Titre de noblesse du maréchal Victor. Napoléon avait créé en 1808 la noblesse d'Empire.
2. Ville à l'ouest de la Bérésina.
3. Le général Éblé commandait le corps des pontonniers chargé de construire les deux ponts. Travaillant dans l'eau glacée, ils sauvèrent les restes de l'armée au prix de leur vie. Il n'y eut que deux survivants. Balzac met en scène l'un d'eux dans *Le Médecin de campagne*.
4. Borisov, au sud-est de Studzianka.
5. L'armée comprenait de nombreux corps auxiliaires étrangers, plus ou moins volontaires, ce qui lui valut l'appellation d'« armée des vingt nations ».

Il faudra donc brûler le pont au moment où ils paraîtront ; ainsi, mon ami, du courage ! Fais-toi jour [1] jusqu'à la hauteur. Dis au général Fournier [2] qu'à peine at-il le temps d'évacuer sa position, de percer tout ce monde, et de passer le pont. Quand tu l'auras vu se mettre en marche, tu le suivras. Aidé par quelques hommes valides, tu brûleras sans pitié les bivouacs, les équipages, les caissons, les voitures, tout ! Chasse ce monde-là sur le pont ! Contrains tout ce qui a deux jambes à se réfugier sur l'autre rive. L'incendie est maintenant notre dernière ressource. Si Berthier [3] m'avait laissé détruire ces damnés équipages, ce fleuve n'aurait englouti personne que mes pauvres pontonniers, ces cinquante héros qui ont sauvé l'armée et qu'on oubliera !

Le général porta la main à son front et resta silencieux. Il sentait que la Pologne serait son tombeau [4], et qu'aucune voix ne s'élèverait en faveur de ces hommes sublimes qui se tinrent dans l'eau, l'eau de la Bérésina ! pour y enfoncer les chevalets des ponts. Un seul d'entre eux vit encore, ou, pour être exact, souffre dans un village, ignoré [5] ! L'aide de camp partit. A peine ce généreux officier avait-il fait cent pas vers Studzianka, que

1. Se faire jour : passer au travers, se frayer un passage.
2. Le général baron Fournier-Sarlovèze (1773-1827), commandant d'une division de cavalerie ; il mena avec ses 800 cavaliers de multiples charges contre l'infanterie et la cavalerie russes, malgré une blessure reçue au début de l'action. Son indépendance d'esprit lui valut la prison et la destitution en 1813.
3. Le maréchal Berthier, prince de Wagram et de Neufchâtel (1753-1815), major général de la Grande Armée, chargé d'expédier les ordres de l'Empereur. Un désaccord s'était élevé entre le maréchal Ney, qui, sur le conseil d'Éblé, voulait brûler dès le 27 novembre les équipages en surnombre, et Berthier, qui s'y était opposé.
4. Éblé mourra d'épuisement à Koenigsberg, en Prusse, après être passé par la Pologne avec les débris de l'armée.
5. Balzac en fera le grenadier Gondrin du *Médecin de campagne* dont les récits, à la veillée, entretiennent le culte de l'Empereur.

le général Éblé réveilla plusieurs de ses pontonniers souffrants, et commença son œuvre charitable en brûlant les bivouacs établis autour du pont, et obligeant ainsi les dormeurs qui l'entouraient à passer la Bérésina. Cependant le jeune aide de camp était arrivé, non sans peine, à la seule maison de bois qui fût restée debout, à Studzianka.

— Cette baraque est donc bien pleine, mon camarade ? dit-il à un homme qu'il aperçut en dehors.

— Si vous y entrez, vous serez un habile troupier, répondit l'officier sans se détourner et sans cesser de démolir avec son sabre le bois de la maison.

— Est-ce vous, Philippe ? dit l'aide de camp en reconnaissant au son de la voix l'un de ses amis.

— Oui. Ah ! ah ! c'est toi, mon vieux, répliqua monsieur de Sucy en regardant l'aide de camp, qui n'avait, comme lui, que vingt-trois ans. Je te croyais de l'autre côté de cette sacrée rivière. Viens-tu nous apporter des gâteaux et des confitures pour notre dessert ? Tu seras bien reçu, ajouta-t-il en achevant de détacher l'écorce du bois qu'il donnait, en guise de provende [1], à son cheval.

— Je cherche votre commandant pour le prévenir, de la part du général Éblé, de filer sur Zembin. Vous avez à peine le temps de percer cette masse de cadavres que je vais incendier tout à l'heure, afin de les faire marcher.

— Tu me réchauffes presque ! ta nouvelle me fait suer. J'ai deux amis à sauver ! Ah ! sans ces deux marmottes, mon vieux, je serais déjà mort ! C'est pour eux que je soigne mon cheval, et que je ne le mange pas.

---

1. Du latin *praebenda*, « ce qui doit être fourni ». Anciennement provisions de bouche, vivres, puis ration d'avoine donnée aux chevaux, et, plus généralement, nourriture donnée aux bestiaux, aux chevaux, aux animaux de basse-cour. Les isbas russes sont faites de rondins non écorcés.

*Ces hommes sublimes qui se tinrent
dans l'eau de la Bérésina !*
Gravure de Philippoteaux. Photo Roger-Viollet.

Par grâce, as-tu quelque croûte ? Voilà trente heures que je n'ai rien mis dans mon coffre [1], et je me suis battu comme un enragé, afin de conserver le peu de chaleur et de courage qui me restent.

— Pauvre Philippe ! rien, rien. Mais votre général est là !

— N'essaie pas d'entrer ! Cette grange contient nos blessés. Monte encore plus haut ! tu rencontreras, sur ta droite, une espèce de toit à porc, le général est là ! Adieu, mon brave. Si jamais nous dansons la trénis [2] sur un parquet de Paris...

Il n'acheva pas, la bise souffla dans ce moment avec une telle perfidie, que l'aide de camp marcha pour ne pas se geler, et que les lèvres du major [3] Philippe se glacèrent. Le silence régna bientôt. Il n'était interrompu que par les gémissements qui partaient de la maison, et par le bruit sourd que faisait le cheval de monsieur de Sucy, en broyant, de faim et de rage, l'écorce glacée des arbres avec lesquels la maison était construite. Le major remit son sabre dans le fourreau, prit brusquement la bride du précieux animal qu'il avait su conserver, et l'arracha, malgré sa résistance, à la déplorable pâture dont il paraissait friand.

— En route, Bichette ! en route. Il n'y a que toi, ma belle, qui puisses sauver Stéphanie. Va, plus tard, il nous sera permis de nous reposer, de mourir, sans doute.

Philippe, enveloppé d'une pelisse à laquelle il devait

---

1. Langue familière : ventre, estomac.
2. Ou *trenitz* : quatrième figure du quadrille. Selon Balzac lui-même, cette contredanse doit son nom au danseur qui l'inventa.
3. Sous l'Empire, officier supérieur chargé de l'administration, du service.

sa conservation et son énergie, se mit à courir en frappant de ses pieds la neige durcie pour entretenir la chaleur. A peine le major eut-il fait cinq cents pas, qu'il aperçut un feu considérable à la place où, depuis le matin, il avait laissé sa voiture sous la garde d'un vieux soldat. Une inquiétude horrible s'empara de lui. Comme tous ceux qui, pendant cette déroute, furent dominés par un sentiment puissant, il trouva, pour secourir ses amis, des forces qu'il n'aurait pas eues pour se sauver lui-même. Il arriva bientôt à quelques pas d'un pli formé par le terrain, et au fond duquel il avait mis à l'abri des boulets une jeune femme, sa compagne d'enfance et son bien le plus cher !

A quelques pas de la voiture, une trentaine de traînards étaient réunis devant un immense foyer qu'ils entretenaient en y jetant des planches, des dessus de caissons, des roues et des panneaux de voitures. Ces soldats étaient, sans doute, les derniers venus de tous ceux qui, depuis le large sillon décrit par le terrain au bas de Studzianka jusqu'à la fatale rivière, formaient comme un océan de têtes, de feux, de baraques, une mer vivante agitée par des mouvements presque insensibles, et d'où il s'échappait un sourd bruissement, parfois mêlé d'éclats terribles. Poussés par la faim et par le désespoir, ces malheureux avaient probablement visité de force la voiture. Le vieux général et la jeune femme qu'ils y trouvèrent couchés sur des hardes [1], enveloppés de manteaux et de pelisses, gisaient en ce moment accroupis

---

1. Nom féminin pluriel. Anciennement, ensemble des effets personnels voyageant avec les bagages (vêtements, linge et même meubles). On peut parler de « belles hardes ». Aujourd'hui, le terme s'applique à des vêtements modestes et même pauvres et usés.

devant le feu. L'une des portières de la voiture était brisée. Aussitôt que les hommes placés autour du feu entendirent les pas du cheval et du major, il s'éleva parmi eux un cri de rage inspiré par la faim.

— Un cheval ! un cheval !

Les voix ne formèrent qu'une seule voix.

— Retirez-vous ! gare à vous ! s'écrièrent deux ou trois soldats en ajustant le cheval.

Philippe se mit devant sa jument en disant :

— Gredins[1] ! je vais vous culbuter tous dans votre feu. Il y a des chevaux morts là-haut ! Allez les chercher.

— Est-il farceur, cet officier-là ! Une fois, deux fois, te déranges-tu ? répliqua un grenadier colossal. Non ! Eh ! bien, comme tu voudras, alors.

Un cri de femme domina la détonation. Philippe ne fut heureusement pas atteint ; mais Bichette, qui avait succombé[2], se débattait contre la mort ; trois hommes s'élancèrent et l'achevèrent à coups de baïonnette.

— Cannibales ! laissez-moi prendre la couverture et mes pistolets, dit Philippe au désespoir.

— Va pour les pistolets, répliqua le grenadier. Quant à la couverture, voilà un fantassin qui depuis deux jours *n'a rien dans le fanal*[3], et qui grelotte avec son méchant habit de vinaigre[4]. C'est notre général...

Philippe garda le silence en voyant un homme dont la

---

1. Gredin : au sens originel, avide. Puis, au sens injurieux : individu malhonnête, coquin, gueux, mendiant.
2. Qui s'était abattue.
3. *Fanal* : estomac. On trouve, dans l'argot militaire de l'époque, des expressions comme *se bourrer le fanal de bouillon, de rata*. Comparaison avec une lanterne qui a besoin d'être alimentée pour fonctionner. Balzac emploie les italiques pour souligner le caractère populaire de l'expression.
4. Un habit trop mince pour la saison (expression attestée dans le dictionnaire de l'Académie de 1835).

chaussure [1] était usée, le pantalon troué en dix endroits, et qui n'avait sur la tête qu'un mauvais bonnet de police [2] chargé de givre. Il s'empressa de prendre ses pistolets. Cinq hommes amenèrent la jument devant le foyer, et se mirent à la dépecer avec autant d'adresse qu'auraient pu le faire des garçons bouchers de Paris. Les morceaux étaient miraculeusement enlevés et jetés sur des charbons. Le major alla se placer auprès de la femme qui avait poussé un cri d'épouvante en le reconnaissant, il la trouva immobile, assise sur un coussin de la voiture et se chauffant ; elle le regarda silencieusement, sans lui sourire. Philippe aperçut alors près de lui le soldat auquel il avait confié la défense de la voiture ; le pauvre homme était blessé. Accablé par le nombre, il venait de céder aux traînards qui l'avaient attaqué ; mais, comme le chien qui a défendu jusqu'au dernier moment le dîner de son maître, il avait pris sa part du butin, et s'était fait une espèce de manteau avec un drap blanc. En ce moment, il s'occupait à retourner un morceau de la jument, et le major vit sur sa figure la joie que lui causaient les apprêts du festin. Le comte de Vandières, tombé depuis trois jours comme en enfance, restait sur un coussin, près de sa femme, et regardait d'un œil fixe ces flammes dont la chaleur commençait à dissiper son engourdissement. Il n'avait pas été plus ému du danger et de l'arrivée de Philippe que du combat par suite duquel sa voiture venait d'être pillée. D'abord Sucy saisit la main de la jeune comtesse, comme pour lui donner un témoignage d'affection et lui exprimer la douleur qu'il éprouvait de la voir ainsi réduite à la dernière

---

1. Le singulier au lieu du pluriel : « ce qui sert à chausser ».
2. Coiffure des militaires lorsqu'ils ne sont pas en grande tenue, calot.

Chacun des individus réunis par le hasard gardait
un silence qui avait quelque chose d'horrible.

Gravure de Faber du Faugera. Photo J.-L. Charmet.

misère ; mais il resta silencieux près d'elle, assis sur un tas de neige qui ruisselait en fondant, et céda lui-même au bonheur de se chauffer, en oubliant le péril, en oubliant tout. Sa figure contracta malgré lui une expression de joie presque stupide, et il attendit avec impatience que le lambeau de jument donné à son soldat fût rôti. L'odeur de cette chair charbonnée irritait sa faim, et sa faim faisait taire son cœur, son courage et son amour. Il contempla sans colère les résultats du pillage de sa voiture. Tous les hommes qui entouraient le foyer s'étaient partagé les couvertures, les coussins, les pelisses, les robes, les vêtements d'homme et de femme appartenant au comte, à la comtesse et au major. Philippe se retourna pour voir si l'on pouvait encore tirer parti de la caisse. Il aperçut, à la lueur des flammes, l'or, les diamants, l'argenterie, éparpillés sans que personne songeât à s'en approprier la moindre parcelle. Chacun des individus réunis par le hasard autour de ce feu gardait un silence qui avait quelque chose d'horrible, et ne faisait que ce qu'il jugeait nécessaire à son bien-être. Cette misère était grotesque. Les figures, décomposées par le froid, étaient enduites d'une couche de boue sur laquelle les larmes traçaient, à partir des yeux jusqu'au bas des joues, un sillon qui attestait l'épaisseur de ce masque. La malpropreté de leurs longues barbes rendait ces soldats encore plus hideux [1]. Les uns étaient enveloppés dans des châles de femme ; les autres portaient des chabraques [2] de cheval, des couvertures crottées, des haillons empreints [3] de givre qui fondait ; quelques-uns

_____

1. D'une laideur repoussante.
2. Chabraque (fém. ; mot turc, passé en français par l'intermédiaire de l'allemand) : sorte de housse ou de couverture en drap ou en peau de bête (chèvre, mouton, parfois tigre ou panthère), que l'on mettait sur les chevaux de selle dans certains régiments de cavalerie.
3. Imprégnés.

avaient un pied dans une botte et l'autre dans un soulier ; enfin il n'y avait personne dont le costume n'offrît une singularité risible [1]. En présence de choses si plaisantes, ces hommes restaient graves et sombres. Le silence n'était interrompu que par le craquement du bois, par les pétillements de la flamme, par le lointain murmure du camp, et par les coups de sabre que les plus affamés donnaient à Bichette pour en arracher les meilleurs morceaux. Quelques malheureux, plus las que les autres, dormaient, et si l'un d'eux venait à rouler dans le foyer, personne ne le relevait. Ces logiciens [2] sévères pensaient que s'il n'était pas mort, la brûlure devait l'avertir de se mettre en un lieu plus commode. Si le malheureux se réveillait dans le feu et périssait, personne ne le plaignait. Quelques soldats se regardaient, comme pour justifier leur propre insouciance par l'indifférence des autres. La jeune comtesse eut deux fois ce spectacle, et resta muette. Quand les différents morceaux que l'on avait mis sur des charbons furent cuits, chacun satisfit sa faim avec cette gloutonnerie qui, vue chez les animaux, nous semble dégoûtante.

— Voilà la première fois qu'on aura vu trente fantassins sur un cheval, s'écria le grenadier qui avait abattu la jument.

Ce fut la seule plaisanterie qui attestât l'esprit national [3].

Bientôt la plupart de ces pauvres soldats se roulèrent dans leurs habits, se placèrent sur des planches, sur tout ce qui pouvait les préserver du contact de la neige, et dormirent, nonchalants du lendemain. Quand le major fut réchauffé et qu'il eut apaisé sa faim, un invincible

---

1. Le costume de chacun présentait...
2. Logicien : personne qui raisonne avec rigueur, méthode.
3. Subjonctif imparfait : de nature à révéler l'esprit national. Le Français a la réputation de rire de tout.

besoin de dormir lui appesantit les paupières. Pendant le temps assez court que dura son débat avec le sommeil, il contempla cette jeune femme qui, s'étant tourné la figure vers le feu pour dormir, laissait voir ses yeux clos et une partie de son front ; elle était enveloppée dans une pelisse fourrée et dans un gros manteau de dragon [1] ; sa tête portait sur un oreiller taché de sang ; son bonnet d'astrakan, maintenu par un mouchoir noué sous le cou, lui préservait le visage du froid autant que cela était possible ; elle s'était caché les pieds dans le manteau. Ainsi roulée sur elle-même, elle ne ressemblait réellement à rien. Était-ce la dernière des vivandières [2] ? était-ce cette charmante femme, la gloire d'un amant, la reine des bals parisiens ? Hélas ! l'œil même de son ami le plus dévoué n'apercevait plus rien de féminin dans cet amas de linges et de haillons. L'amour avait succombé sous le froid, dans le cœur d'une femme. A travers les voiles épais que le plus irrésistible de tous les sommeils étendait sur les yeux du major, il ne voyait plus le mari et la femme que comme deux points. Les flammes du foyer, ces figures étendues, ce froid terrible qui rugissait à trois pas d'une chaleur fugitive, tout était rêve. Une pensée importune effrayait Philippe. « Nous allons tous mourir, si je dors ; je ne veux pas dormir », se disait-il. Il dormait. Une clameur terrible et une explosion réveillèrent monsieur de Sucy après une heure de sommeil. Le sentiment de son devoir, le péril de son amie, retombèrent

---

1. Soldat de la cavalerie de ligne, qui pouvait combattre à cheval ou à pied. Dans la langue militaire, le mot a d'abord désigné un étendard, généralement à l'image d'un dragon, puis s'est appliqué au soldat lui-même.
2. Vivandier, vivandière : du latin médiéval *vivenda*, « vivres ». A partir du XVe siècle, désigne une personne qui suivait les troupes pour leur vendre vivres et boissons. Le féminin s'est employé plus longtemps avant d'être remplacé par « cantinière ».

tout à coup sur son cœur. Il jeta un cri semblable à un rugissement. Lui et son soldat étaient seuls debout. Ils virent une mer de feu [1] qui découpait devant eux, dans l'ombre de la nuit, une foule d'hommes, en dévorant les bivouacs et les cabanes ; ils entendirent des cris de désespoir, des hurlements ; ils aperçurent des milliers de figures désolées et de faces furieuses. Au milieu de cet enfer, une colonne de soldats se faisait un chemin vers le pont, entre deux haies de cadavres.

— C'est la retraite de notre arrière-garde, s'écria le major. Plus d'espoir.

— J'ai respecté votre voiture, Philippe, dit une voix amie.

En se retournant, Sucy reconnut le jeune aide de camp à la lueur des flammes.

— Ah ! tout est perdu, répondit le major. Ils ont mangé mon cheval. D'ailleurs, comment pourrais-je faire marcher ce stupide général et sa femme ?

— Prenez un tison, Philippe, et menacez-les !

— Menacer la comtesse !

— Adieu ! s'écria l'aide de camp. Je n'ai que le temps de passer cette fatale rivière, et il le faut ! J'ai une mère en France ! Quelle nuit ! Cette foule aime mieux rester sur la neige, et la plupart de ces malheureux se laissent brûler plutôt que de se lever. Il est quatre heures, Philippe ! Dans deux heures, les Russes commenceront à se remuer. Je vous assure que vous verrez la Bérésina encore une fois chargée de cadavres. Philippe, songez à vous ! Vous n'avez pas de chevaux, vous ne pouvez pas porter la comtesse ; ainsi, allons, venez avec moi, dit-il en le prenant par le bras.

— Mon ami, abandonner Stéphanie !

---

1. L'incendie de tous les équipages, allumé sur l'ordre d'Éblé.

Le major saisit la comtesse, la mit debout, la secoua avec la rudesse d'un homme au désespoir, et la contraignit de se réveiller, elle le regarda d'un œil fixe et mort.

— Il faut marcher, Stéphanie, ou nous mourons ici.

Pour toute réponse, la comtesse essayait de se laisser aller à terre pour dormir. L'aide de camp saisit un tison, et l'agita devant la figure de Stéphanie.

— Sauvons-la malgré elle ! s'écria Philippe en soulevant la comtesse, qu'il porta dans la voiture.

Il revint implorer l'aide de son ami. Tous deux prirent le vieux général, sans savoir s'il était mort ou vivant, et le mirent auprès de sa femme. Le major fit rouler avec le pied chacun des hommes qui gisaient à terre, leur reprit ce qu'ils avaient pillé, entassa toutes les hardes sur les deux époux, et jeta dans un coin de la voiture quelques lambeaux rôtis de sa jument.

— Que voulez-vous donc faire ? lui dit l'aide de camp.

— La traîner, dit le major.

— Vous êtes fou !

— C'est vrai ! s'écria Philippe en se croisant les bras sur la poitrine.

Il parut tout à coup saisi par une pensée de désespoir.

— Toi, dit-il en saisissant le bras valide de son soldat, je te la confie pour une heure ! Songe que tu dois plutôt mourir que de laisser approcher qui que ce soit de cette voiture.

Le major s'empara des diamants de la comtesse, les tint d'une main, tira de l'autre son sabre, se mit à frapper rageusement ceux des dormeurs qu'il jugeait devoir être les plus intrépides, et réussit à réveiller le grenadier colossal et deux autres hommes dont il était impossible de connaître le grade.

— Nous sommes *flambés* [1], leur dit-il.

— Je le sais bien, répondit le grenadier, mais ça m'est égal.

— Hé ! bien, mort pour mort, ne vaut-il pas mieux vendre sa vie pour une jolie femme, et risquer de revoir encore la France ?

— J'aime mieux dormir, dit un homme en se roulant sur la neige, et si tu me tracasses encore, major, je te *fiche* mon briquet [2] dans le ventre !

— De quoi s'agit-il, mon officier ? reprit le grenadier. Cet homme est ivre ! C'est un Parisien ; ça aime ses aises.

— Ceci sera pour toi, brave grenadier ! s'écria le major en lui présentant une rivière [3] de diamants, si tu veux me suivre et te battre comme un enragé. Les Russes sont à dix minutes de marche ; ils ont des chevaux ; nous allons marcher sur leur première batterie et ramener deux lapins [4].

— Mais les sentinelles, major ?

— L'un de nous trois, dit-il au soldat. Il s'interrompit, regarda l'aide de camp : Vous venez, Hippolyte, n'est-ce pas ?

Hippolyte consentit par un signe de tête.

— L'un de nous, reprit le major, se chargera de la sentinelle. D'ailleurs ils dorment peut-être aussi, ces sacrés Russes.

---

1. Perdus, fichus, « cuits ». (Pour l'emploi des italiques, *cf.* p. 54, note 3.)
2. Briquet ou sabre-briquet : sabre court et recourbé des fantassins, appelé ainsi par dérision par les cavaliers.
3. Un collier de diamants.
4. Lapin, ou lapin ferré : cheval, dans l'argot militaire de l'époque.

— Va, major, tu es un brave ! Mais tu me mettras dans ton berlingot [1] ? dit le grenadier.

— Oui, si tu ne laisses pas ta peau là-haut. Si je succombais, Hippolyte ? et toi, grenadier, dit le major en s'adressant à ses deux compagnons, promettez-moi de vous dévouer au salut de la comtesse.

— Convenu, s'écria le grenadier.

Ils se dirigèrent vers la ligne russe, sur les batteries qui avaient si cruellement foudroyé la masse de malheureux gisant sur le bord de la rivière. Quelques moments après leur départ, le galop de deux chevaux retentissait sur la neige, et la batterie éveillée envoyait des volées [2] qui passaient sur la tête des dormeurs ; le pas des chevaux était si précipité, qu'on eût dit des maréchaux [3] battant un fer. Le généreux aide de camp avait succombé. Le grenadier athlétique était sain et sauf. Philippe, en défendant son ami, avait reçu un coup de baïonnette dans l'épaule ; néanmoins il se cramponnait aux crins du cheval, et le serrait si bien avec ses jambes que l'animal se trouvait pris comme dans un étau.

— Dieu soit loué ! s'écria le major en retrouvant son soldat immobile et la voiture à sa place.

— Si vous êtes juste, mon officier, vous me ferez avoir la croix. Nous avons joliment joué de la clarinette et du bancal [4], hein ?

---

1. Berlingot : nom de voiture, dérivé de « berline ». La berline — du nom de la ville de Berlin — était un carrosse à quatre roues avec des glaces intérieures, et deux banquettes se faisant face. Le berlingot, ou demi-berline, n'avait qu'une seule banquette.
2. Salves d'artillerie.
3. Des maréchaux-ferrants, forgerons qui ferrent les chevaux et les animaux de trait.
4. Lourd fusil des fantassins. Dans l'argot militaire du temps, le *troubadour* (= le fantassin) joue de la *clarinette*. Le *bancal* est le sabre recourbé des cavaliers, par allusion aux jambes arquées d'une personne bancale. Dans une œuvre de jeunesse de Balzac, *La Dernière Fée*, le

— Nous n'avons encore rien fait ! Attelons les chevaux. Prenez ces cordes.

— Il n'y en a pas assez.

— Eh ! bien, grenadier, mettez-moi la main sur ces dormeurs, et servez-vous de leurs châles, de leur linge...

— Tiens, il est mort, ce farceur-là ! s'écria le grenadier en dépouillant le premier auquel il s'adressa. Ah ! c'te farce, ils sont morts !

— Tous ?

— Oui, tous ! Il paraît que le cheval est indigeste quand on le mange à la neige.

Ces paroles firent trembler Philippe. Le froid avait redoublé.

— Dieu ! perdre une femme que j'ai déjà sauvée vingt fois !

Le major secoua la comtesse en criant :

— Stéphanie, Stéphanie !

La jeune femme ouvrit les yeux.

— Madame ! nous sommes sauvés.

— Sauvés, répéta-t-elle en retombant.

Les chevaux furent attelés tant bien que mal. Le major, tenant son sabre de sa meilleure main, gardant les guides de l'autre, armé de ses pistolets, monta sur un des chevaux, et le grenadier sur le second. Le vieux soldat, dont les pieds étaient gelés, avait été jeté en travers de la voiture, sur le général et sur la comtesse. Excités à coups de sabre, les chevaux emportèrent l'équipage avec une sorte de furie dans la plaine, où d'innombrables difficultés attendaient le major. Bientôt il fut impossible

---

maréchal des logis Bontems jure : « Par mon bancal ! », et ajoute : « C'est le nom que les cuirassiers donnent à leur sabre. »

d'avancer sans risquer d'écraser des hommes, des femmes, et jusqu'à des enfants endormis [1], qui tous refusaient de bouger quand le grenadier les éveillait. En vain monsieur de Sucy chercha-t-il la route que l'arrière-garde s'était frayée naguère [2] au milieu de cette masse d'hommes, elle s'était effacée comme s'efface le sillage du vaisseau sur la mer ; il n'allait qu'au pas, le plus souvent arrêté par des soldats qui le menaçaient de tuer ses chevaux.

— Voulez-vous arriver ? lui dit le grenadier.

— Au prix de tout mon sang, au prix du monde entier, répondit le major.

— Marche ! On ne fait pas d'omelettes sans casser des œufs.

Et le grenadier de la garde poussa les chevaux sur les hommes, ensanglanta les roues, renversa les bivouacs, en se traçant un double sillon de morts à travers ce champ de têtes. Mais rendons-lui la justice de dire qu'il ne se fit jamais faute de crier d'une voix tonnante :

— Gare donc, charognes.

— Les malheureux ! s'écria le major.

— Bah ! ça ou le froid, ça ou le canon ! dit le brigadier en animant les chevaux et les piquant avec la pointe de son briquet [3].

Une catastrophe qui aurait dû leur arriver bien plus tôt, et dont un hasard fabuleux les avait préservés jusque-là, vint tout à coup les arrêter dans leur marche. La voiture versa.

---

1. Balzac a trouvé chez Ségur (voir Présentation, p. 6) ce genre d'indications. Outre les soldats, toute une foule de civils accompagnait l'armée et l'encombrait. Et beaucoup de familles étrangères avaient quitté Moscou en même temps que les Français.

2. Depuis peu de temps, récemment.

3. Voir p. 62, note 2.

— Je m'y attendais, s'écria l'imperturbable grenadier. Oh ! oh ! le camarade est mort.

— Pauvre Laurent, dit le major.

— Laurent ! N'est-il pas du 5e chasseurs ?

— Oui.

— C'est mon cousin. Bah ! la chienne de vie n'est
pas assez heureuse pour qu'on la regrette par le temps
qu'il fait.

La voiture ne fut pas relevée, les chevaux ne furent
pas dégagés sans une perte de temps immense, irrépara-
ble. Le choc avait été si violent que la jeune comtesse,
réveillée et tirée de son engourdissement par la commotion, se débarrassa de ses vêtements et se leva.

— Philippe, où sommes-nous ? s'écria-t-elle d'une
voix douce, en regardant autour d'elle.

— A cinq cents pas [1] du pont. Nous allons passer la
Bérésina. De l'autre côté de la rivière, Stéphanie, je ne
vous tourmenterai plus, je vous laisserai dormir, nous
serons en sûreté, nous gagnerons tranquillement Wilna [2].
Dieu veuille que vous ne sachiez jamais ce que votre vie
aura coûté !

— Tu es blessé ?

— Ce n'est rien.

L'heure de la catastrophe était venue. Le canon des
Russes annonça le jour. Maîtres de Studzianka, ils fou-
droyèrent la plaine ; et aux premières lueurs du matin,
le major aperçut leurs colonnes se mouvoir et se former
sur les hauteurs. Un cri d'alarme s'éleva du sein de la
multitude, qui fut debout en un moment. Chacun comprit
instinctivement son péril, et tous se dirigèrent vers le

1. Quatre à cinq cents mètres.
2. Wilna, ou Wilno, se trouvait encore en Russie, à 200 kilomètres
environ à l'ouest de la Bérésina. C'était une base importante de
l'armée impériale.

Le pont s'abîma chargé de monde.
Photo Roger-Viollet.

pont par un mouvement de vague. Les Russes descendaient avec la rapidité de l'incendie. Hommes, femmes, enfants, chevaux, tout marcha sur le pont. Heureusement le major et la comtesse se trouvaient encore éloignés de la rive. Le général Éblé venait de mettre le feu aux chevalets de l'autre bord[1]. Malgré les avertissements donnés à ceux qui envahissaient cette planche de salut, personne ne voulut reculer. Non seulement le pont s'abîma chargé de monde ; mais l'impétuosité du flot d'hommes lancés vers cette fatale berge était si furieuse, qu'une masse humaine fut précipitée dans les eaux comme une avalanche. On n'entendit pas un cri, mais le bruit sourd d'une pierre qui tombe à l'eau ; puis la Bérésina fut couverte de cadavres. Le mouvement rétrograde[2] de ceux qui se reculèrent dans la plaine pour échapper à cette mort, fut si violent, et leur choc contre ceux qui marchaient en avant fut si terrible, qu'un grand nombre de gens moururent étouffés. Le comte et la comtesse de Vandières durent la vie à leur voiture. Les chevaux, après avoir écrasé, pétri une masse de mourants, périrent écrasés, foulés aux pieds par une trombe humaine qui se porta sur la rive. Le major et le grenadier trouvèrent leur salut dans leur force. Ils tuaient pour n'être pas tués. Cet ouragan de faces humaines, ce flux et reflux de corps animés par un même mouvement eut pour résultat de laisser pendant quelques moments la rive de la Bérésina déserte. La multitude s'était rejetée dans la plaine. Si quelques hommes se lancèrent à la rivière du haut de la berge, ce fut moins dans l'espoir

---

1. Selon Ségur, le 29 novembre à huit heures et demie. Les Russes arrivèrent au fleuve une heure après son départ.
2. Au sens premier : mouvement en arrière. A partir de la Révolution, l'adjectif prend le sens péjoratif de « réactionnaire », « opposé au progrès » : une mentalité rétrograde.

d'atteindre l'autre rive qui, pour eux, était la France, que pour éviter les déserts de la Sibérie. Le désespoir devint une égide[1] pour quelques gens hardis. Un officier sauta de glaçon en glaçon jusqu'à l'autre bord ; un soldat rampa miraculeusement sur un amas de cadavres et de glaçons. Cette immense population finit par comprendre que les Russes ne tueraient pas vingt mille hommes sans armes, engourdis, stupides, qui ne se défendaient pas, et chacun attendit son sort avec une horrible résignation. Alors le major, son grenadier, le vieux général et sa femme restèrent seuls, à quelques pas de l'endroit où était le pont. Ils étaient là, tous quatre debout, les yeux secs, silencieux, entourés d'une masse de morts. Quelques soldats valides, quelques officiers auxquels la circonstance rendait toute leur énergie se trouvaient avec eux. Ce groupe assez nombreux comptait environ cinquante hommes. Le major aperçut à deux cents pas de là les ruines du pont fait pour les voitures, et qui s'était brisé l'avant-veille.

— Construisons un radeau, s'écria-t-il.

A peine avait-il laissé tomber cette parole que le groupe entier courut vers ces débris. Une foule d'hommes se mit à ramasser des crampons de fer, à chercher des pièces de bois, des cordes, enfin tous les matériaux nécessaires à la construction du radeau. Une vingtaine de soldats et d'officiers armés formèrent une garde commandée par le major pour protéger les travailleurs contre les attaques désespérées que pourrait tenter la foule en devinant leur dessein. Le sentiment de la liberté

---

1. Langue littéraire : protection, sauvegarde. Dans la mythologie grecque, l'égide est la peau de la chèvre Amalthée, nourricière de Zeus, portant en son centre la tête de Méduse ; elle sert de bouclier ou de cuirasse à Zeus et à sa fille Athéna, que ses statues représentent souvent portant l'égide sur la poitrine.

qui anime les prisonniers et leur inspire des miracles ne peut pas se comparer à celui qui faisait agir en ce moment ces malheureux Français.

— Voilà les Russes ! voilà les Russes ! criaient aux travailleurs ceux qui les défendaient.

Et les bois criaient, le plancher croissait de largeur, de hauteur, de profondeur. Généraux, soldats, colonels, tous pliaient sous le poids des roues, des fers, des cordes, des planches : c'était une image réelle de la construction de l'arche de Noé [1]. La jeune comtesse, assise auprès de son mari, contemplait ce spectacle avec le regret de ne pouvoir contribuer en rien à ce travail ; cependant elle aidait à faire des nœuds pour consolider les cordages. Enfin, le radeau fut achevé. Quarante hommes le lancèrent dans les eaux de la rivière, tandis qu'une dizaine de soldats tenaient les cordes qui devaient servir à l'amarrer près de la berge. Aussitôt que les constructeurs virent leur embarcation flottant sur la Bérésina, ils s'y jetèrent du haut de la rive avec un horrible égoïsme. Le major, craignant la fureur de ce premier mouvement, tenait Stéphanie et le général par la main ; mais il frissonna quand il vit l'embarcation noire de monde et les hommes pressés dessus comme des spectateurs au parterre d'un théâtre [2].

— Sauvages ! s'écria-t-il, c'est moi qui vous ai donné l'idée de faire le radeau, je suis votre sauveur, et vous me refusez une place.

Une rumeur confuse servit de réponse. Les hommes placés au bord du radeau, et armés de bâtons qu'ils appuyaient sur la berge, poussaient avec violence le train

---

1. Dans la Bible, bateau construit par Noé pour échapper au déluge. C'est, selon la Genèse (VI, 16) un navire énorme « avec un premier, un second et un troisième étage ».

2. A cette époque, le public populaire s'entasse encore debout au parterre. Aristocrates et bourgeois ont leur loge.

le bois, pour le lancer vers l'autre bord et lui faire fendre les glaçons et les cadavres.

— Tonnerre de Dieu ! je vous *fiche* à l'eau si vous ne recevez pas le major et ses deux compagnons, s'écria le grenadier, qui leva son sabre, empêcha le départ, et fit serrer les rangs, malgré des cris horribles.

— Je vais tomber ! je tombe ! criaient ses compagnons. Partons ! en avant !

Le major regardait d'un œil sec sa maîtresse [1], qui levait les yeux au ciel par un sentiment de résignation sublime.

— Mourir avec toi ! dit-elle.

Il y avait quelque chose de comique dans la situation des gens installés sur le radeau. Quoiqu'ils poussassent des rugissements affreux, aucun d'eux n'osait résister au grenadier ; car ils étaient si pressés, qu'il suffisait de pousser une seule personne pour tout renverser. Dans ce danger, un capitaine essaya de se débarrasser du soldat qui aperçut le mouvement hostile de l'officier, le saisit et le précipita dans l'eau en lui disant :

— Ah ! ah ! canard, tu veux boire ! Va !

— Voilà deux places ! s'écria-t-il. Allons, major, jetez-nous votre petite femme et venez ! Laissez ce vieux roquentin [2] qui crèvera demain.

— Dépêchez-vous ! cria une voix composée de cent voix.

— Allons, major. Ils grognent, les autres, et ils ont raison.

---

1. Chez Balzac, les mots « maîtresse » et « amant » peuvent s'entendre soit au sens classique : « personne qui aime et est aimée d'amour », soit au sens moderne.
2. L'expression « vieux roquentin » désigne ironiquement, au XIXᵉ siècle et jusqu'au début du XXᵉ, un vieillard qui se rend ridicule en jouant au jeune homme. Le terme est d'origine obscure.

Le comte de Vandières se débarrassa de ses vête‐
ments, et se montra debout dans son uniforme de géné‐
ral.

— Sauvons le comte, dit Philippe.

Stéphanie serra la main de son ami, se jeta sur lui e‐
l'embrassa par une horrible étreinte.

— Adieu ! dit-elle.

Ils s'étaient compris. Le comte de Vandières retrouva
ses forces et sa présence d'esprit pour sauter dans
l'embarcation, où Stéphanie le suivit après avoir donné
un dernier regard à Philippe.

— Major, voulez-vous ma place ? Je me moque de la
vie, s'écria le grenadier. Je n'ai ni femme, ni enfant,
ni mère.

— Je te les confie, cria le major en désignant le
comte et sa femme.

— Soyez tranquille, j'en aurai soin comme de mon
œil.

Le radeau fut lancé avec tant de violence vers la rive
opposée à celle où Philippe restait immobile, qu'en tou‐
chant terre la secousse ébranla tout. Le comte, qui était
au bord, roula dans la rivière. Au moment où il y tom‐
bait, un glaçon lui coupa la tête, et la lança au loin,
comme un boulet.

— Hein ! major [1] ! cria le grenadier.

— Adieu ! cria une femme.

Philippe de Sucy tomba glacé d'horreur, accablé par
le froid, par le regret et par la fatigue.

— Ma pauvre nièce était devenue folle, ajouta le

---

1. L'exclamation souligne l'ironie du sort, qui rend inutile le sacri‐
fice de Philippe.

médecin après un moment de silence. Ah ! monsieur, reprit-il en saisissant la main de monsieur d'Albon, combien la vie a été affreuse pour cette petite femme, si jeune, si délicate ! Après avoir été, par un malheur inouï, séparée de ce grenadier de la garde, nommé Fleuriot, elle a été traînée, pendant deux ans, à la suite de l'armée, le jouet d'un tas de misérables. Elle allait, m'a-t-on dit, pieds nus, mal vêtue, restait des mois entiers sans soins, sans nourriture ; tantôt gardée dans les hôpitaux, tantôt chassée comme un animal. Dieu seul connaît les malheurs auxquels cette infortunée a pourtant survécu. Elle était dans une petite ville d'Allemagne, enfermée avec des fous, pendant que ses parents, qui la croyaient morte, partageaient ici sa succession. En 1816, le grenadier Fleuriot la reconnut dans une auberge de Strasbourg, où elle venait d'arriver après s'être évadée de sa prison [1]. Quelques paysans racontèrent au grenadier que la comtesse avait vécu un mois entier dans une forêt, et qu'ils l'avaient traquée pour s'emparer d'elle, sans pouvoir y parvenir. J'étais alors à quelques lieues de Strasbourg. En entendant parler d'une fille sauvage [2], j'eus le désir de vérifier les faits extraordinaires qui donnaient matière à des contes ridicules. Que devins-je en reconnaissant la comtesse ? Fleuriot m'apprit tout ce qu'il savait de cette déplorable histoire. J'emmenai ce pauvre homme avec ma nièce en Auvergne, où j'eus le malheur de le perdre. Il avait un peu d'empire [3] sur

---

1. C'est aussi le sort du colonel Chabert, présumé mort à la bataille d'Eylau, pris pour fou quand il revendique son identité, et dépouillé de ses biens par sa femme (voir Balzac, *Le Colonel Chabert*, Le Livre de Poche classique, éd. 1994, n° 3107).
2. Outre le cas de Victor, l'« enfant sauvage » de l'Aveyron, on avait effectivement parlé de « filles sauvages », qui vivaient nues lors de leur capture (voir Présentation, p. 8).
3. Autorité, influence.

madame de Vandières. Lui seul a pu obtenir d'elle qu'elle s'habillât. *Adieu !* ce mot qui, pour elle, est toute la langue, elle le disait jadis rarement. Fleuriot avait entrepris de réveiller en elle quelques idées ; mais il a échoué, et n'a gagné que de lui faire prononcer un peu plus souvent cette triste parole. Le grenadier savait la distraire et l'occuper en jouant avec elle ; et par lui, j'espérais, mais...

L'oncle de Stéphanie se tut pendant un moment.

— Ici, reprit-il, elle a trouvé une autre créature avec laquelle elle paraît s'entendre. C'est une paysanne idiote, qui, malgré sa laideur et sa stupidité, a aimé un maçon. Ce maçon a voulu l'épouser, parce qu'elle possède quelques quartiers de terre[1]. La pauvre Geneviève a été pendant un an la plus heureuse créature qu'il y eût au monde. Elle se parait, et allait le dimanche danser avec Dallot ; elle comprenait l'amour ; il y avait place dans son cœur et dans son esprit pour un sentiment. Mais Dallot a fait des réflexions. Il a trouvé une jeune fille qui a son bon sens et deux quartiers de terre de plus que n'en a Geneviève. Dallot a donc laissé Geneviève. Cette pauvre créature a perdu le peu d'intelligence que l'amour avait développé en elle[2], et ne sait plus que garder les vaches ou faire de l'herbe[3]. Ma nièce et cette pauvre fille sont en quelque sorte unies par la chaîne invisible de leur commune destinée, et par le sentiment qui cause leur folie. Tenez, voyez ? dit l'oncle de Stéphanie en conduisant le marquis d'Albon à la fenêtre.

Le magistrat aperçut en effet la jolie comtesse assise

---

1. Quelques champs d'une certaine étendue. Le quartier était une ancienne mesure agraire.

2. L'éveil de l'intelligence par l'amour est une des théories des médecins de l'époque.

3. Couper l'herbe pour les animaux.

à terre entre les jambes de Geneviève. La paysanne, armée d'un énorme peigne d'os, mettait toute son attention à démêler la longue chevelure noire de Stéphanie, qui se laissait faire en jetant des cris étouffés dont l'accent trahissait un plaisir instinctivement ressenti. Monsieur d'Albon frissonna en voyant l'abandon du corps et la nonchalance animale qui trahissait chez la comtesse une complète absence de l'âme.

— Philippe ! Philippe ! s'écria-t-il, les malheurs passés ne sont rien. N'y a-t-il donc point d'espoir ? demanda-t-il.

Le vieux médecin leva les yeux au ciel.

— Adieu, monsieur, dit monsieur d'Albon en serrant la main du vieillard. Mon ami m'attend, vous ne tarderez pas à le voir.

— C'est donc bien elle, s'écria Sucy après avoir entendu les premiers mots du marquis d'Albon. Ah ! j'en doutais encore ! ajouta-t-il en laissant tomber quelques larmes de ses yeux noirs, dont l'expression était habituellement sévère.

— Oui, c'est la comtesse de Vandières, répondit le magistrat.

Le colonel se leva brusquement et s'empressa de s'habiller.

— Hé ! bien, Philippe, dit le magistrat stupéfait, deviendrais-tu fou ?

— Mais je ne souffre plus, répondit le colonel avec simplicité. Cette nouvelle a calmé toutes mes douleurs. Et quel mal pourrait se faire sentir quand je pense à Stéphanie ? Je vais aux Bons-Hommes, la voir, lui parler, la guérir. Elle est libre. Eh ! bien, le bonheur nous sourira, ou il n'y aurait pas de Providence. Crois-tu donc que cette pauvre femme puisse m'entendre et ne pas recouvrer la raison ?

— Elle t'a déjà vu sans te reconnaître, répliqua doucement le magistrat, qui, s'apercevant de l'espérance exaltée de son ami, cherchait à lui inspirer des doutes salutaires[1].

Le colonel tressaillit ; mais il se mit à sourire en laissant échapper un léger mouvement d'incrédulité. Personne n'osa s'opposer au dessein du colonel. En peu d'heures, il fut établi dans le vieux prieuré, auprès du médecin et de la comtesse de Vandières.

— Où est-elle ? s'écria-t-il en arrivant.

— Chut ! lui répondit l'oncle de Stéphanie. Elle dort. Tenez, la voici.

Philippe vit la pauvre folle accroupie au soleil sur un banc. Sa tête était protégée contre les ardeurs de l'air par une forêt de cheveux épars sur son visage ; ses bras pendaient avec grâce jusqu'à terre ; son corps gisait élégamment posé comme celui d'une biche ; ses pieds étaient pliés sous elle, sans effort ; son sein se soulevait par intervalles égaux ; sa peau, son teint, avaient cette blancheur de porcelaine qui nous fait tant admirer la figure transparente des enfants. Immobile auprès d'elle, Geneviève tenait à la main un rameau que Stéphanie était sans doute allée détacher de la plus haute cime d'un peuplier, et l'idiote agitait doucement ce feuillage au-dessus de sa compagne endormie, pour chasser les mouches et fraîchir[2] l'atmosphère. La paysanne regarda monsieur Fanjat et le colonel ; puis, comme un animal qui a reconnu son maître, elle retourna lentement la tête vers la comtesse, et continua de veiller sur elle, sans

_____

1. Qui doivent le sauver d'espoirs déraisonnables.
2. Emploi vieilli pour « rafraîchir ». « Fraîchir » ne s'emploie plus que comme verbe intransitif : l'air fraîchit.

avoir donné la moindre marque d'étonnement ou d'intelligence. L'air était brûlant. Le banc de pierre semblait étinceler, et la prairie élançait vers le ciel ces lutines [1] vapeurs qui voltigent et flambent au-dessus des herbes comme une poussière d'or ; mais Geneviève paraissait ne pas sentir cette chaleur dévorante. Le colonel serra violemment les mains du médecin dans les siennes. Des pleurs échappés des yeux du militaire roulèrent le long de ses joues mâles, et tombèrent sur le gazon, aux pieds de Stéphanie.

— Monsieur, dit l'oncle, voilà deux ans que mon cœur se brise tous les jours. Bientôt vous serez comme moi. Si vous ne pleurez pas, vous n'en sentirez pas moins votre douleur.

— Vous l'avez soignée, dit le colonel dont les yeux exprimaient autant de reconnaissance que de jalousie.

Ces deux hommes s'entendirent [2] ; et, de nouveau, se pressant fortement la main, ils restèrent immobiles, en contemplant le calme admirable que le sommeil répandait sur cette charmante créature. De temps en temps, Stéphanie poussait un soupir, et ce soupir, qui avait toutes les apparences de la sensibilité [3], faisait frissonner d'aise le malheureux colonel.

— Hélas, lui dit doucement monsieur Fanjat, ne vous abusez pas, monsieur, vous la voyez en ce moment dans toute sa raison.

Ceux qui sont restés avec délices pendant des heures entières occupés à voir dormir une personne tendrement aimée, dont les yeux devaient leur sourire au réveil,

---

1. Féminin de lutin, employé comme adjectif : éveillé, malicieux, à l'image de ces petits démons espiègles et taquins. Ici, les vapeurs elles-mêmes semblent des lutins capricieux.
2. Se comprirent.
3. Qui semblait exprimer un sentiment.

comprendront sans doute le sentiment doux et terrible qui agitait le colonel. Pour lui, ce sommeil était une illusion ; le réveil devait être une mort, et la plus horrible de toutes les morts. Tout à coup un jeune chevreau accourut en trois bonds vers le banc, flaira Stéphanie, que ce bruit réveilla ; elle se mit légèrement sur ses pieds, sans que ce mouvement effrayât le capricieux animal ; mais quand elle eut aperçu Philippe, elle se sauva, suivie de son compagnon quadrupède, jusqu'à une haie de sureaux ; puis, elle jeta ce petit cri d'oiseau effarouché que déjà le colonel avait entendu près de la grille où la comtesse était apparue à monsieur d'Albon pour la première fois. Enfin, elle grimpa sur un faux ébénier [1], se nicha dans la houppe verte de cet arbre, et se mit à regarder *l'étranger* avec l'attention du plus curieux de tous les rossignols de la forêt.

— Adieu, adieu, adieu ! dit-elle sans que l'âme communiquât une seule inflexion sensible à ce mot.

C'était l'impassibilité de l'oiseau sifflant son air.

— Elle ne me reconnaît pas, s'écria le colonel au désespoir. Stéphanie ! c'est Philippe, ton Philippe, Philippe.

Et le pauvre militaire s'avança vers l'ébénier ; mais quand il fut à trois pas de l'arbre, la comtesse le regarda, comme pour le défier, quoiqu'une sorte d'expression craintive passât dans son œil ; puis, d'un seul bond, elle se sauva de l'ébénier sur un acacia, et, de là, sur un sapin du Nord, où elle se balança de branche en branche avec une légèreté inouïe.

— Ne la poursuivez pas, dit monsieur Fanjat au colonel. Vous mettriez entre elle et vous une aversion [2] qui

---

1. Faux ébénier ou cytise : arbre ornemental, dont les fleurs forment d'odorantes grappes jaunes.
2. Haine, violent sentiment de répulsion, d'hostilité.

pourrait devenir insurmontable ; je vous aiderai à vous en faire connaître et à l'apprivoiser. Venez sur ce banc. Si vous ne faites point attention à cette pauvre folle, alors vous ne tarderez pas à la voir s'approcher insensiblement pour vous examiner.

— *Elle !* ne pas me reconnaître, et me fuir, répéta le colonel en s'asseyant le dos contre un arbre dont le feuillage ombrageait un banc rustique ; et sa tête se pencha sur sa poitrine. Le docteur garda le silence. Bientôt la comtesse descendit doucement du haut de son sapin, en voltigeant comme un feu follet [1], en se laissant aller parfois aux ondulations que le vent imprimait aux arbres. Elle s'arrêtait à chaque branche pour épier l'étranger ; mais, en le voyant immobile, elle finit par sauter sur l'herbe, se mit debout, et vint à lui d'un pas lent, à travers la prairie. Quand elle se fut posée contre un arbre qui se trouvait à dix pieds environ du banc, monsieur Fanjat dit à voix basse au colonel :

— Prenez adroitement, dans ma poche droite, quelques morceaux de sucre, et montrez-les-lui, elle viendra ; je renoncerai volontiers, en votre faveur, au plaisir de lui donner des friandises. A l'aide du sucre, qu'elle aime avec passion, vous l'habituerez à s'approcher de vous et à vous reconnaître.

— Quand elle était femme, répondit tristement Philippe, elle n'avait aucun goût pour les mets sucrés.

Lorsque le colonel agita vers Stéphanie le morceau de sucre qu'il tenait entre le pouce et l'index de la main droite, elle poussa de nouveau son cri sauvage, et

---

1. Petite flamme, due à une exhalaison de gaz combustible produit par la décomposition de matières organiques. Apparaissant sur les marécages, dans les cimetières, les feux follets suscitaient des craintes superstitieuses (*cf.* G. Sand, *La Petite Fadette*, ch. XII). Un esprit follet ou un follet est un lutin.

s'élança vivement sur Philippe ; puis elle s'arrêta, combattue par la peur instinctive qu'il lui causait ; elle regardait le sucre et détournait la tête alternativement, comme ces malheureux chiens à qui leurs maîtres défendent de toucher à un mets avant qu'on ait dit une des dernières lettres de l'alphabet qu'on récite lentement. Enfin la passion bestiale triompha de la peur ; Stéphanie se précipita sur Philippe, avança timidement sa jolie main brune pour saisir sa proie, toucha les doigts de son amant, attrapa le sucre et disparut dans un bouquet de bois [1]. Cette horrible scène acheva d'accabler le colonel, qui fondit en larmes et s'enfuit dans le salon.

— L'amour aurait-il donc moins de courage que l'amitié ? lui dit monsieur Fanjat. J'ai de l'espoir, monsieur le baron. Ma pauvre nièce était dans un état bien plus déplorable que celui où vous la voyez.

— Est-ce possible ? s'écria Philippe.

— Elle restait nue [2], reprit le médecin.

Le colonel fit un geste d'horreur et pâlit ; le docteur crut reconnaître dans cette pâleur quelques fâcheux symptômes, il vint lui tâter le pouls, et le trouva en proie à une fièvre violente ; à force d'instances, il parvint à le faire mettre au lit, et lui prépara une légère dose d'opium, afin de lui procurer un sommeil calme.

Huit jours environ s'écoulèrent, pendant lesquels le baron de Sucy fut souvent aux prises avec des angoisses mortelles ; aussi bientôt ses yeux n'eurent-ils plus de larmes. Son âme, souvent brisée, ne put s'accoutumer au spectacle que lui présentait la folie de la comtesse, mais

---

1. Sens vieilli : petit bois, bosquet.
2. Comme Victor de l'Aveyron lors de sa découverte, ou comme La Nuda, cette folle que des chasseurs capturèrent en 1809 dans les montagnes de l'Ariège, et qui déchirait tous les vêtements qu'on voulait l'obliger à porter. (Voir également note 2, p. 73.)

il pactisa[1], pour ainsi dire, avec cette cruelle situation, et trouva des adoucissements dans sa douleur. Son héroïsme ne connut pas de bornes. Il eut le courage d'apprivoiser Stéphanie, en lui choisissant des friandises ; il mit tant de soin à lui apporter cette nourriture, il sut si bien graduer les modestes conquêtes qu'il voulait faire sur l'instinct de sa maîtresse, ce dernier lambeau de son intelligence, qu'il parvint à la rendre plus *privée*[2] qu'elle ne l'avait jamais été. Le colonel descendait chaque matin dans le parc ; et si, après avoir longtemps cherché la comtesse, il ne pouvait deviner sur quel arbre elle se balançait mollement, ni le coin dans lequel elle s'était tapie pour y jouer avec un oiseau, ni sur quel toit elle s'était perchée, il sifflait l'air si célèbre de *Partant pour la Syrie*[3], auquel se rattachait le souvenir d'une scène de leurs amours. Aussitôt Stéphanie accourait avec la légèreté d'un faon[4]. Elle s'était si bien habituée à voir le colonel, qu'il ne l'effrayait plus ; bientôt elle s'accoutuma à s'asseoir sur lui, à l'entourer de son bras sec et agile. Dans cette attitude, si chère aux amants, Philippe donnait lentement quelques sucreries à la friande comtesse. Après les avoir mangées toutes, il arrivait souvent à Stéphanie de visiter les poches de son ami par des gestes qui avaient la vélocité[5] mécanique des mouvements du singe. Quand elle était bien sûre qu'il n'y

---

1. Il s'accommoda de la situation, il fit un compromis entre révolte et désespoir.
2. Sens vieilli : apprivoisée ; se disait d'un animal domestiqué.
3. Romance dans un pseudo-« style troubadour » datant de 1810, et dont l'air était attribué à la reine Hortense. Elle connut sous l'Empire un extraordinaire succès, mais fut jugée subversive sous la Restauration, car elle servait aux bonapartistes de signe de ralliement. Napoléon III devait en faire l'air officiel de toutes les fêtes impériales.
4. Petit de la biche, image traditionnelle de la grâce légère.
5. Rapidité et précision du mouvement.

avait plus rien, elle regardait Philippe d'un œil clair, sans idées, sans reconnaissance ; elle jouait alors avec lui ; elle essayait de lui ôter ses bottes pour voir son pied, elle déchirait ses gants, mettait son chapeau ; mais elle lui laissait passer les mains dans sa chevelure, lui permettait de la prendre dans ses bras, et recevait sans plaisir des baisers ardents ; enfin, elle le regardait silencieusement quand il versait des larmes ; elle comprenait bien le sifflement de *Partant pour la Syrie* ; mais il ne put réussir à lui faire prononcer son propre nom de *Stéphanie* ! Philippe était soutenu dans son horrible entreprise par un espoir qui ne l'abandonnait jamais. Si, par une belle matinée d'automne, il voyait la comtesse paisiblement assise sur un banc, sous un peuplier jauni, le pauvre amant se couchait à ses pieds, et la regardait dans les yeux aussi longtemps qu'elle voulait bien se laisser voir, en espérant que la lumière qui s'en échappait redeviendrait intelligente ; parfois, il se faisait illusion, il croyait avoir aperçu ces rayons durs et immobiles, vibrant de nouveau, amollis, vivants, et il s'écriait :

— Stéphanie ! Stéphanie ! tu m'entends, tu me vois !

Mais elle écoutait le son de cette voix comme un bruit, comme l'effort du vent qui agitait les arbres, comme le mugissement de la vache sur laquelle elle grimpait ; et le colonel se tordait les mains de désespoir, désespoir toujours nouveau. Le temps et ces vaines épreuves ne faisaient qu'augmenter sa douleur. Un soir, par un ciel calme, au milieu du silence et de la paix de ce champêtre asile, le docteur aperçut de loin le baron occupé à charger un pistolet. Le vieux médecin comprit que Philippe n'avait plus d'espoir ; il sentit tout son sang affluer à son cœur, et s'il résista au vertige qui s'emparait de lui, c'est qu'il aimait mieux voir sa nièce vivante et folle que morte. Il accourut.

— Que faites-vous ! dit-il.

— Ceci est pour moi, répondit le colonel en montrant sur le banc un pistolet chargé, et voilà pour elle ! ajouta-t-il en achevant de fouler la bourre [1] au fond de l'arme qu'il tenait.

La comtesse était étendue à terre, et jouait avec les balles.

— Vous ne savez donc pas, reprit froidement le médecin qui dissimula son épouvante, que cette nuit, en dormant, elle a dit : « Philippe ! »

— Elle m'a nommé ! s'écria le baron en laissant tomber son pistolet que Stéphanie ramassa ; mais il le lui arracha des mains, s'empara de celui qui était sur le banc, et se sauva.

— Pauvre petite, s'écria le médecin, heureux du succès qu'avait eu sa supercherie. Il pressa la folle sur son sein, et dit en continuant : Il t'aurait tuée, l'égoïste ! il veut te donner la mort, parce qu'il souffre. Il ne sait pas t'aimer pour toi, mon enfant ! Nous lui pardonnons, n'est-ce pas ? il est insensé, et toi ? tu n'es qu'une folle. Va ! Dieu seul doit te rappeler près de lui. Nous te croyons malheureuse, parce que tu ne participes plus à nos misères, sots que nous sommes ! Mais, dit-il en l'asseyant sur ses genoux, tu es heureuse, rien ne te gêne ; tu vis comme l'oiseau, comme le daim.

Elle s'élança sur un jeune merle qui sautillait, le prit

---

1. Tasser la bourre, c'est-à-dire la matière inerte (étoupe ou papier) qui maintient en place la charge d'une arme à feu.

en jetant un petit cri de satisfaction, l'étouffa, le regarda mort, et le laissa au pied d'un arbre sans plus y penser[1].

Le lendemain, aussitôt qu'il fit jour, le colonel descendit dans les jardins, il chercha Stéphanie, il croyait au bonheur ; ne la trouvant pas, il siffla. Quand sa maîtresse fut venue, il la prit par le bras ; et, marchant pour la première fois ensemble, ils allèrent sous un berceau d'arbres[2] flétris dont les feuilles tombaient sous la brise matinale. Le colonel s'assit, et Stéphanie se posa d'elle-même sur lui, Philippe en trembla d'aise.

— Mon amour, lui dit-il en baisant avec ardeur les mains de la comtesse, je suis Philippe.

Elle le regarda avec curiosité.

— Viens, ajouta-t-il en la pressant. Sens-tu battre mon cœur ? Il n'a battu que pour toi. Je t'aime toujours. Philippe n'est pas mort, il est là, tu es sur lui. Tu es ma Stéphanie, et je suis ton Philippe.

— Adieu, dit-elle, adieu.

Le colonel frissonna, car il crut s'apercevoir que son exaltation se communiquait à sa maîtresse. Son cri déchirant, excité par l'espoir, ce dernier effort d'un amour éternel, d'une passion délirante, réveillait la raison de son amie.

— Ah ! Stéphanie, nous serons heureux.

Elle laissa échapper un cri de satisfaction, et ses yeux eurent un vague éclair d'intelligence.

— Elle me reconnaît ! Stéphanie !

Le colonel sentit son cœur se gonfler, ses paupières devenir humides. Mais il vit tout à coup la comtesse lui

---

1. Le docteur Itard, qui prit en charge Victor de l'Aveyron (voir Présentation, p. 8), rapporte un comportement semblable chez son protégé.
2. Arbres formant une voûte.

montrer un peu de sucre qu'elle avait trouvé en le fouillant pendant qu'il parlait. Il avait donc pris pour une pensée humaine ce degré de raison que suppose la malice du singe. Philippe perdit connaissance. Monsieur Fanjat trouva la comtesse assise sur le corps du colonel. Elle mordait son sucre en témoignant son plaisir par des minauderies[1] qu'on aurait admirées si, quand elle avait sa raison, elle eût voulu imiter par plaisanterie sa perruche ou sa chatte.

— Ah ! mon ami, s'écria Philippe en reprenant ses sens, je meurs tous les jours, à tous les instants ! J'aime trop ! Je supporterais tout si, dans sa folie, elle avait gardé un peu du caractère féminin. Mais la voir toujours sauvage et même dénuée de pudeur, la voir...

— Il vous fallait donc une folie d'opéra[2], dit aigrement le docteur. Et vos dévouements d'amour sont donc soumis à des préjugés ? Hé quoi ! monsieur, je me suis privé pour vous du triste bonheur de nourrir ma nièce, je vous ai laissé le plaisir de jouer avec elle, je n'ai gardé pour moi que les charges les plus pesantes. Pendant que vous dormez, je veille sur elle, je... Allez, monsieur, abandonnez-la. Quittez ce triste ermitage. Je sais vivre avec cette chère petite créature ; je comprends sa folie, j'épie ses gestes, je suis dans ses secrets. Un jour vous me remercierez.

Le colonel quitta les Bons-Hommes, pour n'y plus revenir qu'une fois. Le docteur fut épouvanté de l'effet qu'il avait produit sur son hôte, il commençait à l'aimer

---

1. Mimiques et attitudes peu naturelles de quelqu'un qui veut plaire.
2. Une folie stylisée et embellie par l'art, au lieu de la cruelle réalité de la folie. L'opéra romantique mettra en scène une folie célèbre, celle de Lucie de Lammermoor, inspirée de Walter Scott, mais l'œuvre, créée en 1835 à Naples, ne fut donnée à Paris qu'en 1837, et Balzac ne pouvait s'y référer au moment de la rédaction d'*Adieu*.

à l'égal de sa nièce. Si des deux amants il y en avait un digne de pitié, c'était certes Philippe : ne portait-il pas à lui seul le fardeau d'une épouvantable douleur ! Le médecin fit prendre des renseignements sur le colonel, et apprit que le malheureux s'était réfugié dans une terre qu'il possédait près de Saint-Germain. Le baron avait, sur la foi d'un rêve [1], conçu un projet pour rendre la raison à la comtesse. A l'insu du docteur, il employait le reste de l'automne aux préparatifs de cette immense entreprise. Une petite rivière coulait dans son parc, où elle inondait en hiver un grand marais qui ressemblait à peu près à celui qui s'étendait le long de la rive droite de la Bérésina. Le village de Satout [2], situé sur une colline, achevait d'encadrer cette scène d'horreur, comme Studzianka enveloppait la plaine de la Bérésina. Le colonel rassembla des ouvriers pour faire creuser un canal qui représentât la dévorante rivière où s'étaient perdus les trésors de la France, Napoléon et son armée. Aidé par ses souvenirs, Philippe réussit à copier dans son parc la rive où le général Éblé avait construit ses ponts. Il planta des chevalets et les brûla de manière à figurer les ais [3] noirs et à demi consumés qui, de chaque côté de la rive, avaient attesté aux traînards que la route de France leur était fermée. Le colonel fit apporter des débris semblables à ceux dont s'étaient servis ses compagnons d'infortune pour construire leur embarcation. Il ravagea son parc, afin de compléter l'illusion sur laquelle il fondait sa dernière espérance. Il commanda des uniformes et des costumes délabrés [4], afin d'en revêtir plusieurs centaines

---

1. Le prétendu rêve où elle aurait prononcé son nom (voir p. 83).
2. Orthographe de Balzac, sans doute pour Chatou, à l'est de Saint-Germain-en-Laye.
3. Planches de bois, chevalets (voir plus haut p. 68).
4. Déchirés et usés.

de paysans. Il éleva des cabanes, des bivouacs, des batteries qu'il incendia. Enfin, il n'oublia rien de ce qui pouvait reproduire la plus horrible de toutes les scènes, et il atteignit à son but. Vers les premiers jours du mois de décembre, quand la neige eut revêtu la terre d'un épais manteau blanc, il reconnut la Bérésina. Cette fausse Russie était d'une si épouvantable vérité, que plusieurs de ses compagnons d'armes reconnurent la scène de leurs anciennes misères. Monsieur de Sucy garda le secret de cette représentation tragique, de laquelle, à cette époque, plusieurs sociétés parisiennes s'entretinrent comme d'une folie [1].

Au commencement du mois de janvier 1820, le colonel monta dans une voiture semblable à celle qui avait amené monsieur et madame de Vandières de Moscou à Studzianka, et se dirigea vers la forêt de l'Isle-Adam. Il était traîné par des chevaux à peu près semblables à ceux qu'il était allé chercher au péril de sa vie dans les rangs des Russes. Il portait les vêtements souillés et bizarres, les armes, la coiffure qu'il avait le 29 novembre 1812. Il avait même laissé croître sa barbe, ses cheveux, et négligé son visage, pour que rien ne manquât à cette affreuse vérité.

— Je vous ai deviné, s'écria monsieur Fanjat en voyant le colonel descendre de voiture. Si vous voulez que votre projet réussisse, ne vous montrez pas dans cet équipage. Ce soir, je ferai prendre à ma nièce un peu d'opium. Pendant son sommeil, nous l'habillerons comme elle l'était à Studzianka, et nous la mettrons dans cette voiture. Je vous suivrai dans une berline [2].

---

1. Ses préparatifs ne sont pas passés inaperçus, mais le but en reste ignoré.
2. Voir p. 63, note 1.

Sur les deux heures du matin, la jeune comtesse fut portée dans la voiture, posée sur des coussins, et enveloppée d'une grossière couverture. Quelques paysans éclairaient ce singulier enlèvement. Tout à coup, un cri perçant retentit dans le silence de la nuit. Philippe et le médecin se retournèrent et virent Geneviève qui sortait demi-nue de la chambre basse où elle couchait.

— Adieu, adieu, c'est fini, adieu, criait-elle en pleurant à chaudes larmes.

— Hé bien, Geneviève, qu'as-tu ? lui dit monsieur Fanjat.

Geneviève agita la tête par un mouvement de désespoir, leva le bras vers le ciel, regarda la voiture, poussa un long grognement, donna des marques visibles d'une profonde terreur, et rentra silencieuse.

— Cela est de bon augure [1], s'écria le colonel. Cette fille regrette de n'avoir plus de compagne. Elle *voit* peut-être que Stéphanie va recouvrer la raison.

— Dieu le veuille, dit monsieur Fanjat qui parut affecté [2] de cet incident.

Depuis qu'il s'était occupé de la folie, il avait rencontré plusieurs exemples de l'esprit prophétique et du don de seconde vue dont quelques preuves ont été données par des aliénés, et qui se retrouvent, au dire de plusieurs voyageurs, chez les tribus sauvages [3].

Ainsi que le colonel l'avait calculé, Stéphanie traversa la plaine fictive [4] de la Bérésina sur les neuf heures du matin, elle fut réveillée par une boîte [5] qui partit à cent

---

1. C'est un signe favorable.
2. Péniblement impressionné.
3. Dans *Louis Lambert* (1832), Balzac évoque également ce don de double vue chez certains sorciers africains ou indiens.
4. Artificielle, fausse.
5. « Petit mortier de fer haut de sept ou huit pouces qu'on tire dans les fêtes publiques » (Littré). Élément de feu d'artifice.

pas de l'endroit où la scène avait lieu. C'était un signal. Mille paysans poussèrent une effroyable clameur, semblable au hourra de désespoir qui alla épouvanter les Russes, quand vingt mille traînards se virent livrés par leur faute[1] à la mort ou à l'esclavage. A ce cri, à ce coup de canon, la comtesse sauta hors de la voiture, courut avec une délirante angoisse sur la place neigeuse, vit les bivouacs brûlés, et le fatal radeau que l'on jetait dans une Bérésina glacée. Le major Philippe était là, faisant tournoyer son sabre sur la multitude. Madame de Vandières laissa échapper un cri qui glaça tous les cœurs, et se plaça devant le colonel, qui palpitait. Elle se recueillit, regarda d'abord vaguement cet étrange tableau. Pendant un instant aussi rapide que l'éclair, ses yeux eurent la lucidité dépourvue d'intelligence que nous admirons dans l'œil éclatant des oiseaux ; puis elle passa la main sur son front avec l'expression vive d'une personne qui médite, elle contempla ce souvenir vivant, cette vie passée traduite devant elle, tourna vivement la tête vers Philippe, et *le vit*. Un affreux silence régnait au milieu de la foule. Le colonel haletait et n'osait parler, le docteur pleurait. Le beau visage de Stéphanie se colora faiblement ; puis, de teinte en teinte, elle finit par reprendre l'éclat d'une jeune fille étincelant de fraîcheur. Son visage devint d'un beau pourpre. La vie et le bonheur, animés par une intelligence flamboyante, gagnaient de proche en proche comme un incendie. Un tremblement convulsif se communiqua des pieds au cœur. Puis ces phénomènes, qui éclatèrent en un moment, eurent comme un lien commun quand les yeux de Stéphanie lancèrent un rayon céleste, une flamme animée. Elle

---

1. Par leur propre faute, quand leur inertie les a empêchés de traverser le fleuve avant l'incendie des ponts (voir p. 44).

vivait, elle pensait ! Elle frissonna, de terreur peut-être !
Dieu déliait lui-même une seconde fois cette langue
morte, et jetait de nouveau son feu dans cette âme
éteinte[1]. La volonté humaine vint avec ses torrents
électriques et vivifia ce corps d'où elle avait été si longtemps absente.

— Stéphanie, cria le colonel.

— Oh ! c'est Philippe, dit la pauvre comtesse.

Elle se précipita dans les bras tremblants que le colonel lui tendait, et l'étreinte des deux amants effraya les
spectateurs. Stéphanie fondait en larmes. Tout à coup ses
pleurs se séchèrent, elle se cadavérisa comme si la foudre l'eût touchée, et dit d'un son de voix faible :

— Adieu, Philippe. Je t'aime, adieu !

— Oh ! elle est morte, s'écria le colonel en ouvrant
les bras.

Le vieux médecin reçut le corps inanimé de sa nièce,
l'embrassa comme eût fait un jeune homme, l'emporta
et s'assit avec elle sur un tas de bois. Il regarda la
comtesse en lui posant sur le cœur une main débile et
convulsivement agitée. Le cœur ne battait plus.

— C'est donc vrai, dit-il en contemplant tour à tour
le colonel immobile et la figure de Stéphanie sur laquelle
la mort répandait cette beauté resplendissante, fugitive
auréole, le gage peut-être d'un brillant avenir[2]. Oui, elle
est morte.

---

1. Guérison conforme à certaines théories psychiatriques de l'époque : on lit dans le *Dictionnaire des Sciences médicales* d'Esquirol
(article « Mélancolie », tome XXXII, 1819) que la folie peut cesser
« par l'effet de la frayeur, de la crainte, par l'effet d'un stratagème
bien concerté ».
2. La phrase évoque une possible réunion des âmes dans une éter-
nité de lumière. Écho des thèses spiritualistes de Balzac.

Le vieux médecin reçut le corps inanimé de sa nièce.

Gravure de E. Lampsonius. Photo J.-L. Charmet.

— Ah ! ce sourire, s'écria Philippe, voyez donc ce sourire ! Est-ce possible ?

— Elle est déjà froide, répondit monsieur Fanjat.

Monsieur de Sucy fit quelques pas pour s'arracher à ce spectacle ; mais il s'arrêta, siffla l'air qu'entendait la folle, et, ne voyant pas sa maîtresse accourir, il s'éloigna d'un pas chancelant, comme un homme ivre, sifflant toujours, mais ne se retournant plus.

Le général Philippe de Sucy passait dans le monde pour un homme très aimable et surtout très gai. Il y a quelques jours une dame le complimenta sur sa bonne humeur et sur l'égalité de son caractère.

— Ah ! madame, lui dit-il, je paie mes plaisanteries bien cher, le soir, quand je suis seul.

— Êtes-vous donc jamais seul ?

— Non, répondit-il en souriant.

Si un observateur judicieux [1] de la nature humaine avait pu voir en ce moment l'expression du comte de Sucy, il en eût frissonné peut-être.

— Pourquoi ne vous mariez-vous pas ? reprit cette dame qui avait plusieurs filles dans un pensionnat. Vous êtes riche, titré, de noblesse ancienne ; vous avez des talents, de l'avenir, tout vous sourit.

— Oui, répondit-il, mais il est un sourire qui me tue.

Le lendemain la dame apprit avec étonnement que monsieur de Sucy s'était brûlé la cervelle pendant la nuit [2]. La haute société s'entretint diversement de cet événement extraordinaire, et chacun en cherchait la cause. Selon les goûts de chaque raisonneur, le jeu,

---

1. Doté d'un jugement sûr.
2. Balzac situe le suicide de son héros en 1830, date de sa nouvelle, soit dix ans après la mort de Stéphanie ; on a remarqué qu'il a rédigé ce dénouement sous l'influence du suicide d'un de ses amis, qui s'était brûlé la cervelle à la suite d'un chagrin d'amour.

l'amour, l'ambition, des désordres cachés [1], expliquaient cette catastrophe, dernière scène d'un drame qui avait commencé en 1812. Deux hommes seulement, un magistrat et un vieux médecin, savaient que monsieur de Sucy était un de ces hommes forts auxquels Dieu donne le malheureux pouvoir de sortir tous les jours triomphants d'un horrible combat qu'ils livrent à quelque monstre inconnu. Que [2], pendant un moment, Dieu leur retire sa main puissante, ils succombent.

Paris, mars 1830.

---

1. Euphémisme évoquant des mœurs dissolues.
2. Si, pendant un moment, Dieu leur retire...

Table

Composition réalisée par NORD-COMPO

IMPRIMÉ EN FRANCE PAR BRODARD ET TAUPIN
Usine de La Flèche (Sarthe).
LIBRAIRIE GÉNÉRALE FRANÇAISE - 43, quai de Grenelle - 75015 Paris.

ISBN : 2 - 253 - 13679 - 4   ◈ 31/3679/3